アイスブレイク入門

こころをほぐす
出会いのレッスン

今村光章

解放出版社

はしがき

今村光章

人と人との出会いの大切さを実感し、出会いを演出したいと願う方に、この本をお届けしたいと思います。

はじめて出会った人たちは、口も体も表情も、こころまでもが固くなっています。まるで「氷（アイス）」のような状態です。どのようにして、その集団を「砕く（ブレイクする）」ことができるのでしょうか。どうすれば、こころをほぐして和やかなコミュニケーションをすることができるようになるのでしょうか。本書は、そのような**アイスブレイク**——文字どおり氷を砕く——技術についての入門書です。

アイスブレイクは、見知らぬものどうしの出会いの場で使える技術です。とりわけ、**ワークショップ**と**ファシリテーション**の場で非常に有効です。ワークショップの成功の鍵はアイスブレイクにかかっているといってもいいでしょう。ワークショップを成功させるために、アイスブレイクの技術を磨くことはとても大切です。

また、そうした場以外でも、アイスブレイクは見知らぬ人々が集まるあらゆる場において、大いに活用できます。たとえば、次のような場でも、アイスブレイクは重要です。

・**教育活動の場**…新入生教育　参加型体験学習　保護者会　道徳教育　エンカウンターグループ

・**市民活動の場**…環境教育　人権教育　開発教育　平和教育　まちづくり　子育て支援

・**仕事の場**………新人研修　社員研修　組織づくり　チームづくり

・**出会いの場**……お見合いパーティー　合コン　歓迎会　行事

さらに、アイスブレイクは、すでにある程度の知り合いになっている集団にも有効です。よく知っている仲間どうしであっても、アイスブレイクをすれば、**出会いなおし**をすることができます。

ひょっとすると、他人の出会いを演出するよりも、まずは自分の出会いを何とかしたいと思っている方があるかもしれません。もちろん、あなた自身がいい人に出会うことはとても大切です。他人の出会いの演出なんて……と思われるかもしれません。

でも、意識的に出会いを演出するほうに回れば、不思議と自分自身の出会いも豊かになります。出会いが深くもなります。自分のなかのもうひとりの自分とも出会いなおしができるのです。そうすれば、あなたの人生はガラリと変わるでしょう。出会わせ上手は出会い上手なのです。

アイスブレイクはとても手軽で楽しい活動です。だれでも人と人を出会わせ、集団のこころをほぐして、出会いを演出することができるのです。出会いを広げ、深めれば、きっと世の中が明るくなるでしょう。

私は、本書を通じてアイスブレイクを普及し、世の中の出会いを豊かにしたいと願っています。

アイスブレイク入門――こころをほぐす出会いのレッスン　もくじ

1章 アイスブレイクへの誘い

アイスブレイクとは、初対面の人の緊張をほぐす出会いの演出法です

アイスブレイクとは、見知らぬものどうしの出会いの緊張をほぐす演出法です。上手に人と人を出会わせる技術や芸のことですが、いくつかのワークやゲームといったひとまとまりの活動時間全体を指すこともあります。

アイスブレイク（ice break）は、アイスブレイキング（ice-breaking）ともいわれています。どちらの用語でも大きな違いはありませんが、ブレイキングというと、なんだか自動車の運転でブレーキを踏んで止まってしまうような印象を与えかねません。逆に、ブレイクするとか、ブレイク・スルーといえば、「大流行する」とか「壁を打ち破って向こう側に行く」という突進するイメージがもてます。本書ではアイスブレイクという用語を用いたいと思います。

また、本書ではひとつひとつの活動を**レッスン**と呼ぶことにします。ワークやゲームという用語を使

わないのは、アイスブレイクは仕事や作業でもなく、遊びでもないからです。レッスンといえば、「授業」「課業」といった硬いイメージにつながるかもしれませんが、実は、それぞれのレッスンには出会いについての**教訓**（学び）があるので、この用語を使うことにします。

さらに、本書では、こころをほぐす出会いのレッスンを紡ぎ、アイスブレイクを進める人を、**アイスブレイカー**と呼ぶことにします。これは、私の勝手な造語ですが、英語の「アイスブレイカー（ice breaker）」という用語には、「砕氷船、砕氷器、緊張をほぐすもの（ゲーム・ダンス・かくし芸など）」といった意味があります。氷の海を進んでいく**砕氷船**のイメージはなかなか素敵ではないでしょうか。参加者の集団が氷のように張りついている状況を、バリバリと裂きながら進んでいく、そうした力強いイメージを共有できればと思います。

●アイスブレイクはワークショップとともに生まれました

アイスブレイクは、**ワークショップ**（workshop）と呼ばれる学びあいの場で生まれました。ワークショップとは、参加者どうしがあるテーマについて、コミュニケーションを交わすことによってお互いに学びあう場（工房や作業場）のことです。ワークショップでは、学びあいをする新しい手法である**参加体験型**の学習形態が用いられていて、必ず見知らぬ人と出会います。ワークショップは、すでに学校教育や社会教育、組織や企業での研修、環境教育や子育て支援活動などで頻繁に使われています。

これまでは、学びの場とは、講師や専門家が一方的にお話をして、参加者がそれを拝聴する場でした。そこでは参加者どうしはなかなか出会いませんでした。従来の学習形態とワークショップの大きな違いのひとつは、あるテーマについて見知らぬ人々とともに学ぶという点です。

見知らぬ人と一緒に学ぶわけですから、ワークショップでは、最初に、必ずといっていいほどアイスブレイクという「**出会いのレッスン**」が展開されます。それは参加者が円滑なコミュニケーションをするためのひとまとまりのレクリエーションのようなものです。つまり、参加者どうしが話をしやすい雰囲気をつくり、意見や新しいアイデアを意欲的に出して、スムーズに議論や合意形成が行われるようにする仕掛けなのです。

アイスブレイクの次には、メインになる**プログラム**が行われ、最後には**シェアリング**（sharing）と呼ばれる参加者どうしによる感想を語り合う反省会のような場がもたれます。このように、**ワークショップは、①アイスブレイクで出会って、②プログラムで活動しながら共に学んで、③シェアリングで学びを分かち合うというプロセスで成り立っています。**

アイスブレイクは、本来はワークショップの一部でした。その意味で、アイスブレイクはレクリエーションとはやや異なります。レクリエーションは、それ自体を楽しむ遊びなのに対し、アイスブレイクは、氷のような状態を壊して、人と人とのスムーズな出会いを演出してこころをほぐし、あとのプログラムやシェアリングをするための準備です。それ自体を楽しむという自己充足的な遊びではなく、あくまでも手段なのです。しかし、このアイスブレイクの良し悪しが、その後のプログラムとシェアリングの質を左右することもよくあるのです。ですから、ワークショップにおいて、アイスブレイクは非常に重要な一部分なのです。

さらにいえば、出会うことだけにも大切な意味があるのではないでしょうか。出会いはすべての始まりだからです。ワークショップが開かれてない場でも、出会いから始まる一連の出来事には意味があるのです。**私は、アイスブレイクで経験する「出会い」そのものが独自の意義をもつと考えています。**

●アイスブレイクの基本は、こころをほぐし、つなぐことです

アイスブレイクの基本は、こころをほぐす和やかな雰囲気づくりです。こころをほぐすというのは、参加者のだれもが、気軽に言葉を交わすことができ、表情と体がリラックスして、「自分がここに居てもいいんだな」という実感をもってもらうことです。

見知らぬ者どうしが投げ込まれた集団は、最初は凍りついた氷のかたまりのような状態になっています。だれもがみな、見ず知らずの集団のなかに放り込まれ、孤独を味わっています。なんとなくソワソワして落ち着きません。自分がその場に居ていいのかどうかさえ気になって、不安でこころが凍りつきます。

ですから、自分を知ってもらって、他の人がどういう人なのかを知って安心したいのです。どのような集団でも、時間の経過とともに気持ちが通じ、こころのほぐれた集団になるほうがいいでしょう。ア

イスブレイクの第一の基本は、だれもが気兼ねなく気軽に発言し、その発言を認めることのできる和やかな雰囲気をつくること、つまり、**こころをほぐす**ことなのです。

もうひとつのアイスブレイクの基本は、人と人を出会わせ、**つなぐ**ことです。だれかとだれかを出会わせて、人を紡ぎ、織物を織るように人脈をつくっていくことなのです。「何よりのおみやげは人」といわれるように、ある人をある人に出会わせることは、その人たちへのプレゼントなのです。

具体的には、アイスブレイクのレッスンは、①**自己紹介**、②**他者認知**（他者への関心の覚醒）、③**共同作業**（チームワークの形成）という要素で構成されています。そして、たとえていうならば、アイスブレイクは集団の「固さ」を突き崩す**ダイナマイト**の役割と、人と人をくっつける**セメント**のような役割を果たすものなのです。

アイスブレイクの多様な場面

意識して探せば、アイスブレイクを必要とする機会はたくさんあります。

たとえば、学校では毎年、新しい学年の子どもたちに出会います。そこに教師として立ち会うことがあるでしょう。その際、子どもたちどうしの出会いの演出が必要になります。保育所や幼稚園、小・中・高等学校の保護者が出会う場。そこでも保護者の出会いを演出しなくてはなりません。

市民活動の場や地域社会の会合、子育て支援センターやデイサービスセンターなどでは、市民が出会います。そうした場でも市民と市民の出会いを演出しなくてはなりません。

顔見知りではあるけれど、本当には出会っていないような集団で、行事などを一緒にしなければならないときもあります。とくに職場や地域社会では、そうした場面に遭遇します。そこでも、**出会いなおしが必要です**。趣味やスポーツ、遊びの場でも、すでにその集団に所属している人たちが、新たに入会する人たちと出会うとき、最初の出会いを演出しなければなりません。合コンやお見合いパーティーでも、さまざまな人の出会いを導くケースがあるでしょう。

このように、**ワークショップの場だけではなく、教育の場、市民活動の場、仕事の場、遊びの場などで、見知らぬ人どうしが出会う場はたくさんあるのです**。そしてそのような場で、集団の固さを解きほぐすためには是非ともアイスブレイクが必要なのです。ちょっとしたアイスブレイクだけで場が和むこともあります。十五分ぐらいあればひとつのレッスンが実践できます。勇気をだして、機会をとらえて実践してみてください。

2章 アイスブレイクの準備術

目的の確認と掲示の準備が大切です

では、アイスブレイクの準備について述べていきたいと思います。

第一のこころの準備は、アイスブレイクが行われる場が開かれている主たる目的の確認です。たいていの場合、アイスブレイカー以外に主催者がいます。ですから、アイスブレイクをする一週間ほど前までには、主催者側の責任者に連絡をとり、目的を確認することが大切です。打ち合わせ場所は会場の下見を兼ねて現地で行うのが原則です。

ほとんどの場合、出会いだけを目的とした場は開かれません。アイスブレイクは本来、ワークショップの導入部分でした。ですから、主催者の要望をしっかり聞いておくことが大切です。あなた自身が、ワークショップの準備としてアイスブレイクをする場合も、何が本来の目的なのかをしっかりと考えておく必要があります。そして、本来の目的と相手に合わせたアイスブレイクのレッスンを準備します。

第二の準備のポイントは、**掲示物**にしてその目的を当日の会場の片隅に掲げることができるような準備をしておくことです。

主催者は、その集会の目的を掲示物（演題やポスターなど）にして用意してくださることが多いようです。そうしたものがあれば、どのような掲示物なのかを確認します。もし、掲示の予定がなければ、アイスブレイカー自身で掲示物を作成して会場のどこかに掲げておく準備をします。大げさなものではなく、適当な大きさの紙（A３程度）にマジックで書いて壁にセロテープで貼り付けるか、ホワイトボードを用意していただいて、そこに書く準備をしておくといいでしょう。

目的を掲示物にして貼っておけば、最初に全員でその目的を確認できるばかりではなく、話が横道にそれたときに、アイスブレイカーも参加者も一緒にその掲示物を見て、本来の目的に戻ることができます。私もよく使う手です。うっかり参加者や自分の話が横道にそれると、「ところで、今日の演題はここに大きく掲げられていますように○○でした」と言いながら掲示物を指さします。タイトルをゆっくりと復唱しながら、頭のなかでどうやって本来の話の筋に戻すか考えることができますし、そうすることで参加者も元の話の筋に帰ってきてくれます。

参加者の人数、男女比、年齢層について情報収集をしましょう

主催者側の目的を確認したら、次は、参加者に関する情報収集が必要です。どんな人が何人ぐらい来

られるのでしょうか。人数の確認は必須です。まずは人数に合わせて、アイスブレイクの準備をします。**アイスブレイクのベストは二十人から三十人程度、六人のグループが三つから五つできる程度が最適です**。最大四十人。学校でいえば一クラスの人数です。この限界を守ったほうが無難でしょう。人数が自分で制限できる場合は、主催者側にそうした希望を伝えておくといいでしょう。

しかし、グループにさえ分かれてしまえば、何人でも可能です。私は一番多いときでは、四百人以上でしたこともありますし、百人程度ということも結構ありました。ただし、四十人以上になる場合は、あらかじめ自分で**アシスタント・アイスブレイカー**を用意して手助けをお願いし、グループ分けをしてアイスブレイクをします。

また、**参加者の男女比とおおよその年齢層を把握しておくことが大切です**。参加者の男女比も年齢層も適当にばらついている場合はいいのですが、一般に男性と年配者（おおよそ五十代以上でしょうか）が多ければ多いほど、参加者の表情と動きは「硬く」なり、場の雰囲気も「固く」なります。「固く」なると、指示を出してもすぐに言語交流が始まらず、動き出すこともできないので、時間がかかります。それを念頭において準備を進める必要があります。

場が「固い」ことが予想されるときは、言葉を使ったレッスンにたっぷりと時間をとる予定を立てましょう。そして、アイスブレイクの意義と効用について、たとえば、「お遊びのように見えますが、あとからのワークショップのための大切な出会いのレッスンなのです」と説明して、積極的に参加していただけるよう平身低頭お願いします。

ところで、一対一（ペア）でお話ししていただくときのひとり当たりのお話の時間の目安としては、二十代の若者たちだと一、二分で十分ですが、三十代から五十代では二、三分程度、六十代以上が大半なら五分ぐらいは必要です。また、男性と年配者が多い場合、最初から手や目を使うのはできるだけ避けるほうがいいでしょう。逆に、女性や若い人たちが多い場合には、いきなり体を使ったレッスンでもうまくいきます。いずれにしても、参加者を想定して予定を立てることが大切です。

もちろん、当日になるまで、だれが来るのかまったくわからない場合もあります。そんな時は、知らん顔して受付に座っておいて参加者の雰囲気をつかんでおくのもひとつの手です。ともかく、そのような場合でも、どんなささいな情報でも、参加者についての情報を集めておくことが大切です。

●名札を用意します　意識的に名前を呼ぶこころの準備もしておきます

大事なのは**名札**を用意することです。名札の用意がなければ、**ポストイット**（貼り替えが可能なメモ用紙）でもいいと思います。市販の名札用のシールでもかまいません。

アイスブレイカーにとって、参加者ひとりひとりの**個体識別は非常に重要です**。参加者どうしでも間違いなく名札があるほうがスムーズにアイスブレイクが進みます。

ただし、参加者に名前を書いてもらうときは、本名を書いてもらう必要はありません。その場で呼ばれたい名前や、ふだん親しい人から呼ばれ慣れているニックネームを大きく書いていただくといいでしょう。そして、その大書した名前の下に、所属・出身地、年齢などを小さく書き加えておくとなおいいでしょう。後日、その場を離れて出会ったときのためです。

もうひとつ大事なのは、作った名札を有効利用する心構えです。**つまり、アイスブレイカーはできるだけ頻繁に、名札に書かれている名前を呼ぶようにこころがけましょう。**

●環境構成は、円形が無難　私は折衷案の□○型を好みます

◎会場設営の工夫をしましょう

会場の机やイスの設定をどうするのでしょうか。これは重要な課題です。

アイスブレイクの基本は**車座**です。主催者の許可さえ下りれば、下の図のように、最初から机なしで、イスだけで丸い円形で集まるのがベストです。また、部屋の隅に手荷物を置ける場所を作って、自由に体を動かせるようにしておくことです。そして、アイスブレイカーは、いわゆる上座には座らないようにしましょう。

主催者がいきなり車座で始めることに難色を示す場

合、私は、左下の図のような「□○型（しかく・まるがた）」にしています。会場に十分なスペースがあれば可能です。

この場合、最初は学校形式で前の机に座り、アイスブレイクは円形のイス部分で行います。まとめや学習のプログラムなどでは、前の机も使えるから便利です。

最初からグループ分けをしておいて、そのグループごとに座ってもらう「島型」もあります。人数が多いときにはそうすることにしています。

◎照明を明るくすることも大切です

案外知られていませんが、部屋の照明は大切です。参加者どうしが顔を見やすいようにするためです。

地球環境には悪いでしょうが、会場のすべての照明をつけ、ブラインドやカーテンは必ず開けます。私は、汚れている窓をふくこともあります。

最近はパワーポイントを使うせいか、部屋を暗くすることが多いですが、アイスブレイクでは表情が見えるように、パワーポイントを使っていても、いったんプロジェクターの電源を切って、部

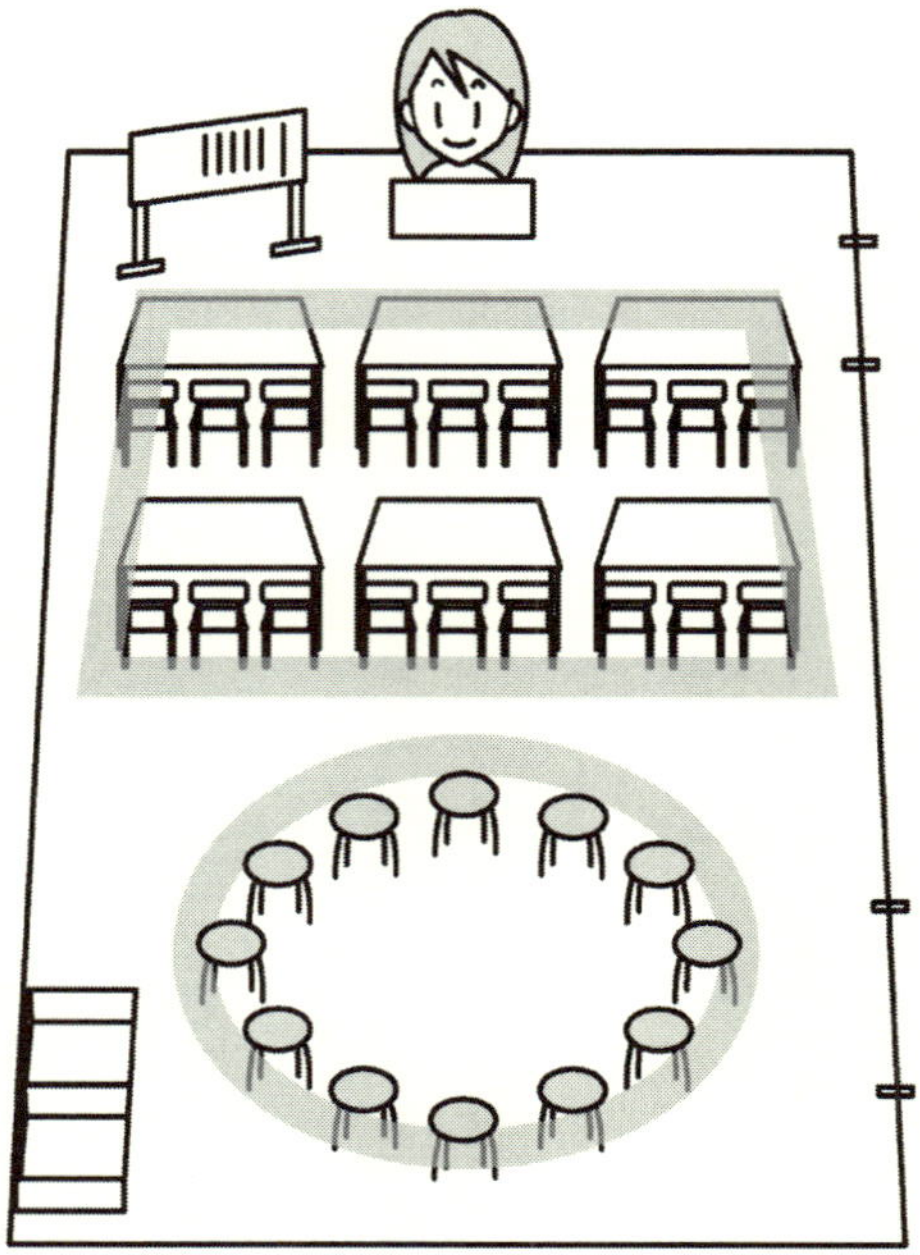

屋を明るくするほうがいいと思います。雰囲気も明るくなります。明るくするのが鉄則ですが、太陽光が直接入り込み、まぶしい場合はもちろん例外です。

◎換気をすることもこころがけましょう

会場の空気は、よどんでいるよりも新鮮なほうがいいでしょう。私は事前に必ず窓を開けるようにしています。換気扇もつけます。最近の日本人は窓を開けなくなりました。ひどいときには窓が開かなくなっている場合もあります。でも、どこも開けられないときでも、最低限でも出入り口は開けられます。なんとか換気をこころがけましょう。私の場合、会場のにおいや空気のよどみがひどいようなときには、お香をたいていました。そこまですることもないでしょうが、換気にも気を配ることは大切です。

●準備物――プログラム／マイク／ホワイトボード／ポストイット

◎アイスブレイクのプログラム（進行案）

学校や保育所では、授業の指導案や保育の日案をつくります。最初のうちは、それと同じように、自分専用の詳細なプログラムを作っておくといいでしょう。**時間配分や準備物、注意点ばかりではなく、口頭でする指示の内容まで文章化して記入しておくと安心です。**初心者のうちは、口頭でする指示内容も、あらかじめ書いてあるものを読み上げていくと参加者にもわかりやすいようです。ただ、あまり見すぎるのは禁物です。参加者との目線を切ってしまい、不安を抱かせることにもなりかねないからです。

最近、私はプログラムを書いても、机の上かどこかに置いておくだけで、めったに手に持たなくなりました。準備をしなくなったわけではありません。教師が、そのうち授業案なしで授業をするように、いつか書かなくても頭のなかにできてしまうからです。それでも、頭のなかにできあがるまでは、プログラムを書くといいでしょう。

◎マイクの音量はセットしておきましょう

マイクはあったほうがいいでしょう。どんな小さなグループでも、ひとたびアイスブレイクを始めて話し込んでしまう人が多くなると、「はい、いまのレッスンは終わりです。次にいきますよ」というアイスブレイカーの指示が通らなくなります。怒鳴るのも大人気ないです。それに声の小さい人に意見を言ってもらうためにもマイクは必要です。マイクを使える会場なら使ったほうがいいでしょう。ポイントは、あらかじめマイクの音量を、**自分の声にあわせてきちんとセットしておくことです。**

◎ホワイトボードと関連用品

ホワイトボードもあったほうがいいでしょう。少なくとも、目的やプログラムの概要などは書いておけます。主催者がどうしますかと尋ねてくれたら、遠慮なくお願いすることにしましょう。

ホワイトボード用のマーカーと黒板消し（ティッシュペーパーでもよい）は持参したほうが無難です。会場にあるマーカーは、書けないか薄くなっていることがよくあります。黒と赤、それぞれ三本ぐらいのマーカーを持参すると間に合います。私は黒板を使うことがあるので、チョークも持参しています。

◎ポストイット

ポストイットもあったほうがいいでしょう。私は、約七センチ四方の大きめのものを大量に持参しています。これは重宝します。簡易式の名札にもなるし、自己紹介を書いてもらってホワイトボードに貼り付けて、今日の参加者一覧にすることもできます。KJ法（カードによる情報整理法）で机の上に何かを書き出してもらうこともできます。感想を書いてもらって提出してもらうのもいいでしょう。

たいていの場合、参加者は鉛筆やペンなどの筆記用具を持っていますから、ペンを用意する必要はありません。しかし、アイスブレイカーが、同じ種類のやや太めのペンを用意しておけば、ポストイットを模造紙に貼りつけて、全体を見渡すときに体裁がよくなります。グループごとに模造紙を持って、他の参加者全員に見せるときにも見ばえがよくなります。

●ていねいに自己開示をしましょう

◎参加者の自己開示はアイスブレイカーの自己開示と比例します

集団で集まった人たちの前に自分をアイスブレイカーとしてさらすとき、自分に関する情報を出し渋って、参加者に情報を与えなければ、集団のなかのメンバーも自分に関する情報をあまり出さなくなります。表情についても同じです。面白いことに、自分が年齢を公表し、表情を豊かにすると、相手も年齢を言い出し、表情も豊かになります。**アイスブレイクでは、参加者の言葉と表情は、自分の像＝鏡です。**

アイスブレイカーに関する最低限の重要な情報とは、年齢と出身地と職業です。加えて、その日の「いま、ここ」にある気分です。自分の生々しい気持ちを伝えることで、相手も少しほぐれてくれます。

たとえば、私なら、「四十三歳。滋賀県大津市出身。岐阜大学教育学部准教授」といった情報だけは間違いなく流します。そして、「昨日、ちょっと（かなり？）飲みすぎて、実は少し気だるいですが、今日は張り切ってやろうと思っています。どうぞよろしく」といったようなナマの正直な気分を明るくはきはきした声で伝えます。

その後、私は、その日の出来事やテンション、そこにいる理由など、もう少し新鮮な情報を加えます。当日の朝、目覚めてからその時間までのことも話します。卵焼きを食べたとか電車が込んでいたとか、たわいもないことです。ただし、二分程度で済ますようにしています。

参加者にとって、アイスブレイカーとは、その見知らぬ集団のなかで、最初に出会う人です。**大切なのは明るい声と笑顔、しっかりとしたあいさつです。**あわてず、参加者全員を見渡し、そして、自分も参加者から見てもらうようにしなければいけません。

◎進行用の簡単なレジュメを用意します

参加者のために、進行用レジュメ（プログラム）を用意するといいでしょう。それには、始まりと終わりの時間や主催者の名前を入れます。また、アイスブレイクのレッスンの種類も大ざっぱに書いておきます（次ページの図）。詳細に内容まで書いてしまうと、参加者にとっては意外感がなく、面白みが半減してしまいます。何が起こるのだろうという「わくわく感」をそがないように、あいまいに書いておきましょう。

◎開始までの時間を有効に利用して自己開示します

よく見られる光景なのですが、会場に到着した人たちは、開始時間まで、だれとも話をせずに資料として出されたレジュメなどを読みふけることがあります。その時間を無駄にすることはありません。むしろ、アイスブレイクの**準備運動**が始まっているともいえるとても大事な時間です。

アイスブレイカーの自己開示はその時間帯に済ませてもいいでしょう。つまり、**自己紹介を進行レジュメにしっかりと書いておくのです。**開始までの時間に自己開示をし、プログラムを頭に入れておいてもらえれば、スムーズにアイスブレイクが進みます。

たとえば、本書を書店で買おうかなと迷ったとき、読者のみなさんは奥付で私の著者紹介を見られませんでしたか。どんな人が書いているのだろう、と。そして、それを手がかりにして、この本を買おうかどうしようかと値踏みをします。それから中身をパラパラとご覧になると思いますが、たいていは目次を見て内容を想像します。そうした手順で、本を買うか買わないかと迷います。

出会いのレッスン
2009年6月19日　PM2：00〜4：00
1,あいさつ
2,目で出会う
3,手で出会う
4,グループワーク
5,まとめ
はじめまして、山田直子です。
2年前までは保育士をしていましたが
現在は二人の子どもを育てながら
自宅でデザインのお仕事をしています。
休日は公園で体を動かしたり
ショッピングに出掛けたり…。
映画観賞も大好きです。
子ども達とお菓子を作ることも
よくあります。
今日はみなさんと楽しい時間を過ごそうと
かなり張り切ってやって来ましたので
気を楽にして参加してくださいね。

それと似たようなことがアイスブレイクの最初でも起こります。表現は悪いのですが、**参加者はアイスブレイカーの値踏みをして、中身がわかる目次を見ようとします**。そこまでをレジュメで済ませておけば、時間短縮になります。

日本では謙遜が美徳ですが、不当に低すぎる「値踏み」をされないために、自己紹介の文章にちょっとだけ自信のある内容について書いておくといいでしょう。さりげなくまじめな自己紹介文やプライベートな内容を書いて、自分に親近感をもってもらうようにします。そして、やる気のでるような呼びかけを入れるともっといいでしょう。要するに、自分のカラーがうまくでるようなプロフィールシートを作成しておけばいいのです。私の場合、次のような文章がその自己紹介文の例です。長文ですが、これぐらい入れておくと参加者の自己開示も進みます。

プロフィールシート

一九六五年　滋賀県大津市生まれ。幼少期を自然豊かな奈良県吉野の山村で過ごした「自然児」。いまも川や山、森が大好き。中学時代を滋賀県守山市で、高校時代を愛媛県松山市で、大学時代を京都市で過ごす。京都大学大学院教育学研究科博士後期課程修了。大学・大学院では、琵琶湖の湖畔で障害児とのキャンプ活動に没頭。そのためか、大学、大学院ともに一年余分に費やした「劣等生」。高校の英語教諭、福井県の短期大学の幼児教育学科などに勤めた「教員」。二〇〇三年より岐阜大学教育学部准教授。現在に至る。博士（学術）。専門は、保育学、幼児教育学、コミュニケーション論、および環境教育と子育て支援。主著に、『ディープ・コミュニケーション』『共に育ちあう保育を求めて』『持続可能性に向けての環境教育』など。

家族は、妻と三男（中一・小五・年長児　二〇〇九年四月現在）。娘も希望したが得られず。残念！　いまは子育て真っ最中でジタバタ。趣味は穂高専門の山登り、子ども相手専門の将棋、ママさんとのバレーボール。温泉や銭湯での入浴。A型だが、よくB型やO型と間違われる。

今日は楽しいアイスブレイクをして、自分もいい出会いをしようと意気込んで、はるばる（？）自宅の岐阜市からやってきました。帰りにはフラリと近くの〇〇温泉に入って、おいしいと有名なお菓子の〇〇をおみやげに買って帰ろうともくろんでいます。この近くで、いいお風呂やおみやげがあったら、ぜひ教えてください。

●開始時間を守ります　終了時間も守ることを宣言します

◎開始時間を守ります

当たり前のようですが、開始時間はぴったり守ります。

「まだ数名の参加者がこられていないので、しばらく待ちます」という言い訳とともに、五分、十分と待つ主催者もいます。ですが、時間を守って参加され、席に座っている参加者に迷惑で失礼だと思います。その熱心な人たちの機嫌を損ねないうちに、さっさと始めたほうが無難でしょう。たいてい、最初から座って会が始まるのを待っている参加者のほうが積極的です。

それでも、遅刻者には配慮が必要です。遅刻者がいたら、その人に対して、開始からそれまでの時間にしていたレッスンの内容を簡単に話すといいでしょう。他の参加者への配慮にもなりますし、何より、そうした配慮を見せると、アイスブレイカーの株もあがります。

◎終了時刻を守ると宣言します　できれば守ります

終了時間を守ることも宣言します。宣言が大事です。その時間がきたら、解放されるという安心感につながるからです。それに自分も守ろうとする気持ちが生まれます。そして、実際に終了時間を守ります。きっとやり足りないと感じることがあるでしょう。**しかし、もう少しだれかと話したかったな、アイスブレイクをもう少し続けたかったなと参加者が思っている間に終わったほうが好評です。**

アイスブレイクも講演も、私はいつも五分前には終わることにしています。そうすると、もっと続けたかったとか、もう少しお話を聞きたかったという感想が出てくるから不思議です。予定より多少早く終了して文句が出たことはありません。ありがたいことに、時間が余れば、主催者が質問を受け付けたり意見を述べてくださったりして、時間まで引き延ばしてくれます。

逆に、少しでも遅く終わると、どんないいアイスブレイクやワークショップでも講演でも（そんなに素晴らしい講演をしたことはありませんが）、必ずといっていいほど不満が出ます。そそくさと帰る人もいます。私も初心者のころ、何度も予定時間をオーバーしましたが、そのときには満足な笑顔よりも疲労感にあふれる顔を見ました。**時間がくれば終わりましょう。**それにこしたことはありません。

3章 出会いを導入するチェーン術

●チェーン術の基本――他者の観察／他者の属性の認知／出会い

3章から5章までは、チェーン術、ペア術、グループワーク術というアイスブレイクの基本的な三つの技術について述べていきます。**チェーン術とペア術は交互に使うことが多い術です。**流れを意識して交互に使うことが大きなポイントです。ですが、本書では、便宜上、チェーン術とペア術を分けて記述します。グループワーク術は、たいていの場合、チェーン術とペア術のあとに使います。

◎チェーン術とは、車座になって座ってもらう術です

アイスブレイクの基本形は、丸い輪になって座り、お互いの顔と全身を「見る＝見られる」ことから始まります。主催者のあいさつや趣旨説明などが一通り終わったら、まず、輪になって座ることから始めます。私は、人が輪になる状態をチェーンと呼びます。**ここでいうチェーン術とは集団を円陣形、つまり、丸い輪の形にしてイスや床に座ってもらう方法です。**

ただし、最初からチェーンという用語は使わないほうがいいでしょう。専門用語のように聞こえてしまって固い雰囲気になってしまうからです。実際には、「丸くなって座りましょう」とか「車座になって座りましょう」と指示します。そのほうが参加者にわかりやすいからです。

◎チェーンの目的は、他の参加者をしっかり観察すること

チェーンには三つの目的があります。

最初の目的は、参加者全員がお互いのつま先から頭の先までの全身を「見る＝見られる」ためです。そして、だれもがその場では平等な立場であることを確認するためです。

学校の教室形式をとった場合、後ろの人もいますし、前や横の人も、他の人の陰に隠れていて全員を見ることはできません。机があるので全身を見ることもできません。しかも、教師がひとりだけ特権的な立場で前方に立っています。学校の教室と教壇は、教師だけをよく見せる装置といえます。アイスブレイクでは、教室に伴う古い学びの技法を突き崩すために、丸くなって座ります。

アイスブレイカーも、一緒に丸くなってイスに座ると、すべての参加者をざっと一通り見ることができます。逆にだれからも見てもらえます。私たちは体からも情報を発していますから、その情報を受け取ることもできます。ひとりだけホワイトボードの前に立っていたり、ずっと輪の真ん中で立っていたりしないで、自分もチェーンのなかに座ってしまうほうがいいでしょう。

◎チェーンの目的は、他の参加者の属性を知り、自分の立ち位置を知ること

チェーン術のもうひとつの目的は、参加者の属性をお互いに知ることです。属性といっても難しいものではありません。チェーンでは、誕生日や名前、子どもの年齢、何らかの経験年数、血液型、当日の起床時間、所属などによって順に並ぶので、ごく簡単な自己開示と他者認知ができます。参加者の属性をお互いに知ることができるのです。

参加者は他の参加者のなかでの自分のポジション（立ち位置）を知りたがります。ですから、たとえば、ある職務や業務の経験年数で並んでもらうと、自分の経験と全体のなかでの立ち位置をわきまえて安心して発言してくれます。

◎チェーンの目的は、参加者のだれかひとりと出会うこと

もっとも大切なチェーンの目的は、チェーンの完成後にペアをつくり、一対一で話をしてもらう準備（ペア術）です。**チェーンはそれだけで終わるレッスンではなく、そのあとにペアになって話をしてもらうなど、次のレッスンにつなげるための手段です。**

参加者は、最初から参加者全員に出会いたいわけではありません。まずは、だれでもいいから最初にひとりの人と知り合いたいと考えています。子どもにとって、こころの安全基地が母親であり、母親さえいればしっかりとこころを支えて生きていけた時間があるように、アイスブレイクでも、まずは、ひとりの知り合いをつくり、安心することが必要なのです。

チェーンをつくるときにはいろいろなアイデアがあります。ですが、参加者が嫌がりそうなプライバシーにかかわるものや、傷に触れるようなものは避けましょう。

バースデイ・チェーン術（15分）

では、実際のチェーン術のやり方について説明しましょう。最初に目的を説明する必要はありません。しかし、完成後、結果を確認し、感想を尋ね、目的を説明することはとても重要です。

では、具体例で語りましょう。次のように、冗談を交えて、**ゆっくりと落ち着いて話をします。**

「さあ、いきなりですが、「ぐるっと輪になるゲーム」をしましょう。前置きとかはしません。目的の説明はあとからしますから、指示に従ってください。いいですね。——みなさん、さあーて、自分の誕生日は覚えていますか？　覚えています……よね？（にっこり笑います）。では、誕生日の月と日が早いほうから、つまり一月一日生まれから始めて、十二月三十一日生まれまで、ちゃんと月日別になるように並んでください。生まれた年は関係ありませんから。もう一度言いますよ。生まれた年、生年は関係がありませんから（ここは思いっきり強調します）。ま、ま、まだ、待ってください。気の早い人がいますね。そうそう時間制限があります。いま、ここには二十人の人がいます。たいてい、ひとり当たり二、三秒、そうですね。平均したら六十秒ぐらいでできるはずです。で、ここの席（指さす）が一月一日生まれで、ここから右回りですよ。じゃあ、どうぞ！　さあー、いそいで～はいはい」

こういった感じです。コミュニケーションの密度を高めることを意図して意識的に急がせることがあ

ります。そうすると他の人に対しての問いかけや告白の回数が多くなります。

目安の秒数をいうと、参加者は急ごうとします。平均点よりもいい点数をとりたいという気持ちが働くようです。平均的な日本人は、平均よりも少し上だとちょっぴり安心します。

——大事なことは、自分も輪のなかに入ってしまうことです。

参加者がチェーンをつくりはじめたら、**アイスブレイカーは絶対にチェーンの外にいてはいけません。**チェーンに入って、アイスブレイカー自身も、自分を参加者のひとりとして見せるのです。そうすると参加者も乗ってくれます。

無事、チェーンができあがるとイスに座ってもらいます。そして、アイスブレイカー自身も座って輪のなかから、目安となる時間以内であったかどうかを確認します。チームになろうとする気持ちを導き出すために、私は必ず、「いやあ、今日のグループは、さすが。かなり早くできましたね。優秀です」とか「みなさん、ゆっくりと落ち着いてコミュニケーションができましたね。他のところで何度もこのレッスンをしてきましたが、こうしたことははじめてです。とてもいい雰囲気ですよ」と言います。

参加者は評価されることを求めています。アイスブレイカーの経験値を探ろうとも思っています。だから、チラリと自分の経験を語るかのように、これまでよりもどの点が違うかを話したり肯定的な評価をしたりするといいでしょう。決して否定的な表現を使ってはいけません。導入部分で敵意を抱かれてしまうと、そのあとの進行が苦しくなるからです。

チェーンが完成したら、結果を確認し、感想を尋ね、目的を説明します

いったんチェーンができあがったら、次のように言って、参加者どうしの観察を促します。そうすると、参加者は、少しぎこちないけれどもあたりをゆっくり見渡してくれます。

「さて、みなさん、どんな方がここに来ていらっしゃるか、気になりますね。ちょっとあたりを観察してみましょう。前後左右の方のお顔を見てください。あんまりジロジロ見ると相手も抵抗があるかもしれません。そっとのぞき込んでくださいね。じゃあ、一分ほど時間をおきますね。どうぞ」

◎結果を確認して、短い話をしてもらいます

その次に、参加者のひとりひとりにできる限り短い時間で、内容に制限をつけて短い話をしてもらいます。参加者全体に対してはじめて口をひらいてもらう場合、内容を限定します。自分が次に話す内容を考えていて、人の話が聞けないという状態を避けるためです。また、その限定の反動として、あとからその限定を取り除いたときにもっと自由にしゃべりたいという欲求を引き起こすためです。

きれいな円になって広がり、となりの人と二、三十センチはなれてイスに座って誕生日の確認をします。実際には、こんな感じです。

「じゃあ、一月一日生まれにもっとも近い人？（と尋ねるとひとりが手を挙げる。そしてその人を指さしながら）**では、そこから右回りに、お誕生日と、今日、自分が呼ばれたい名前だけを言ってください。そのほかの情報は結構です。自己紹介はまたあとでゆっくりしていただきます。まずは、誕生日順に並べたかどうか。正しいかどうか、確かめてみましょう。そして、おひとりおひとりのお名前を一回だけ聞いてみましょう。あわてなくてもいいですから」**

参加者は次々に、「〇月〇日生まれのゴンベエです」といった具合に自己紹介をします。間違いが起こると、なぜ間違いが起こったのかを尋ねます。理由を一緒に考えてみるといいでしょう。もちろん、自分もその輪に入っているので、自分の番がきたら、きちんとそう伝えます。

「九月六日生まれのみっちゃんです」と。

◎感想を尋ねて、レッスンの意味を共に考える

ひとつのレッスンが終了したら、その感想を述べてもらいます。単なる感想でも新たな気づきでもかまいません。レッスン後の参加者の気分を尋ねるのです。そして、なぜそのレッスンをしたのか、その意味は何かと尋ねてみます。アイスブレイカー自身で意味づけができなくても、参加者に、「どうしてこんなレッスンをするのでしょうか」と問いかけてみると、必ず返事が返ってきます。正解はありません。考えてもらってお話をしていただくことに意味があります。もちろん、アイスブレイカーの経験を踏まえた説明も加えるといいでしょう。

――**実は、自分の存在を認めてくれる誕生日という存在の前ではだれもが平等です**。だれでも誕生日があって、自分の人生の最初の日を確認できます。自分の存在を自分で認められるのです。年をとると誕生日はそれほどうれしくないかもしれません。それでも、両親のことや子どものころのことを思い出したり、あと何回、誕生日を迎えられるかと考えたりします。現在から過去へ、あるいは未来へと想像が広がります。

たまに、お正月生まれやクリスマス生まれ、二月二十九日生まれの人がいたり、まったく同じ誕生日の参加者がいたりすると、驚きで軽いどよめきが走ります。アイスブレイクの日と誕生日が重なっていたりすると、みんなから「おめでとう」を言ってもらったり、拍手をもらったりしています。さっきまで他人だったのに……。たったそれだけのことなのに……。自分の存在を確認できる誕生日という存在

の前ではだれもが平等なのです。その始まりを確認して少し場所は和んでいきます。**バースデイ・チェーンのレッスンはポピュラーなので、最近では経験者がいることも多く、このレッスンから入っていくとすんなり始められるようです。**

また、アイスブレイクのはじめに、アイスブレイカーとしては、話したいことがたくさんあるでしょう。ですが、チェーンになって、少し緊張を解きほぐしてから、その日の本来の趣旨を説明しても遅くはありません。アイスブレイクまでに、主催者のあいさつや連絡事項が入っていて、アイスブレイカーにバトンが渡された時点で、参加者が退屈しはじめていることだってあるのです。そんな時、このレッスンは一番シンプルで使いやすいものです。

繰り返しますが、**チェーン術を使うときには、自分も輪のなかに入ることが絶対に必要です。**マイクを持ってジーッと突っ立っていたのではアイスブレイクは広がりませんし深まりません。面白くもありません！　すすんで参加者集団の「こころ」のなかに入っていきましょう。**砕氷船**なんですから！

●ネーム・チェーン――名前で呼び合い親近感を醸し出します（15分）

チェーンのレッスンでは、数回違う種類のものを繰り返します。あるチェーンから次のチェーンに移るときは、立ち歩いて座る順を変えなければなりません。そうすると他の参加者の動きも見ることができます。動きのなかから会話も生まれます。体を少しでも動かせば、口もほぐれます。

定番として、バースデイ・チェーンの次に私がよく使うのは**ネーム・チェーン**です。これは名字ではなく、名前でアイウエオ順（五十音順）にチェーンをつくるレッスンです。

では、具体例で語りましょう。次のようにお話をします。

「みなさん、自分の下のお名前、覚えていますよね？　たぶん（笑顔）。名字ではなくて、名前ですよ。な・ま・え。私の名字はイマムラですが、名前は、ミツユキです。よくミツアキと間違えられるのですが。それはいいとして、みなさんの名前の順に、ここからぐるっと、アイウエオ順、つまり、五十音順で名簿を作るように並んでもらえますか。たとえばアイさんとかアイコさんから……ヨシノリさんとかヨウコさんぐらいまで、でしょうか。これもひとり当たり、二、三秒でできますから、そうですね、二分でやってみましょう。さあどうぞ。この席が「あ」ですよ。ここから右回りです。はい、よーい。どん！」

かずこです
わたしも
かずこですよ！
僕はえいじです
あなたは？
えみこです

ネーム・チェーンでは、他の参加者の名前を尋ねなければなりませんし、自分の名前を言わなければなりません。参加者はテレながら、いろいろな人に名前を尋ねて、自分の位置を確認します。

ネーム・チェーンの完成時には、同じ呼び名の人どうしがとなりになります。年代にもよりますが、ミチコさんやケイコさん、ヒデキさんやツバサさんが複数いたりして、いろいろな事件が起こります。口に出された音としての呼び名ですから、そうした同じ名前の重なりも結構多いものです。

並び終わったら、その名前を順番に言ってもらいますが、わかっていれば、名前の由来を時間が許す限り語ってもらいます。いろいろな説明があり、聞いていて興味深いです。

――**「呼び方＝呼ばれ方」は関係を変えます**。関係が変わると「呼び方＝呼ばれ方」が変化するように、逆に、「呼び方＝呼ばれ方」は関係を変えるのです。たとえば、つきあいはじめたカップルは、名字で呼び合う関係から、名前をベースにした、「○○くん、○○ちゃん」の呼称で呼び合う関係に変化します。スポーツのチームメイトの場合も、呼び方が名前になるようです。プロ野球の集団では、選手たちが名前で呼び合っています。普通の組織とは関係が異なるからです。そういう「呼び方＝呼ばれ方」を続けると、どんどん間柄が深まっていくようです。

一般に、私たちは親しい人からは、名字でなく名前で呼ばれます。名前で「呼び＝呼ばれる」感覚によって相手との親近感を確認しています。それだけで、特権的な地位にいるような気にもなるのです。それを逆手にとって、意図的に名前を呼ぶということを試みます。そうすると、名字で呼び合うよりも早く打ち解けられるように感じるのです。私は名字でも同じチェーンを試してみました。しかし、名字と名前では断然効果が異なります。名前の呼び合いには、間違いなく特別な効果があると思います。ネーム・チェーンは、声に出して自分の名前を名乗り、他人の名前を呼ぶことによって親近感を抱かせるために行うものです。

さて、話は横道にそれますが、私は、教育（保育）実習生を幼稚園や保育所、小学校に送り出すときにも、できるだけ頻繁に、子どもの名前を呼ぶように彼らに勧めています。子どもが安心するし、実習生も子どもに受け入れられやすいと思うからです。実習先の先生にごあいさつをするときには、「おはようございます」だけではなく、「おはようございます。今村先生」というように名前（名字）まで呼びなさいとも指導しています。「あなたですよ、（私が）呼んでいるのは」ということを明らかに示すためです。そうすると、実習先の先生にも親しみをもってもらいやすいようです。

アイスブレイカーも、参加者とアイコンタクトをして、できる限り頻繁に名前を呼ぶことが重要です。

資料を手渡すときや、感想を話してもらうときなどもそうです。アイスブレイカーが、何度も名前を呼ぶと、まわりの参加者も名前を覚えやすくなります。そして、参加者に対しても、機会があれば他の参加者の名前を呼ぶように促しましょう。

◎応用編として、子どもの名前でネーム・チェーンをすることができます

参加者が親の場合、自分の子どもの名前の順に親に並んでもらいます。**保護者会**などで、子どもについて話し合いをしてもらう場面で有効です。混乱しないように、このクラスにいるお子さんとか、上のお子さんなどと指定します。

子どもの名前でのチェーンでは、名前をつけた親ですから、その由来を説明できます。人にもよりますが、その理由を聞くのも興味深いものです。昔、そうした名前をつけたことを思い出しつつ、親は子どもに対する思い出を振り返り、子どもに対する愛情を確認します。

●ネーム・キャッチボール——名前を呼んでボール投げ（20分）

チェーン術を何度か繰り返し使って、参加者それぞれが四人から六人の人に出会えて名前を覚えてもらえる状況になったら、ボールか何か（テニスボールでも軟球でも、新聞紙のかたまりでもかまいません）を取り出して、人の名前を呼びながらそのボールを投げていくというレッスンをします。

参加者全員が一度だけボールを受け取れるように投げてくださいという指示をして、アイスブレイカーがだれかに投げます。最初に受け取った人は、大きな声で「はい」と返事をして、また違う人の名前を呼び、ボールを投げます。このようにどんどん次の人に投げていきます。

ボールをもらっていない人が残り少なくなったら、まだ受け取っていない人に手を挙げてもらいます。名札をつけていれば、知らない人でも名前がわかりますから、その人たちにボールを投げていくように促します。全員にボールを回し終わったら、最後にアイスブレイカーの名前を呼んでもらって、自分のところにボールを返してもらいます。

途中でうまくボールを受け取れないときもあります。その時は、「なぜ受け取れませんでしたか」と問いかけてみます。そしてキャッチボールは、**①相手の名前をしっかりと呼んで、②アイコンタクトをして、③受け取りやすいボールを、タイミングをはかって投げる、というコツを確認します。**

このネーム・キャッチボールは一回では終わりません。一度全員に回し終わったら、「では、もう一度、さっきと同じ人にボールを投げてください。覚えていますか?」と言って、もう一度繰り返します。それが終わると、「では、さっきボールをもらった人に返しましょう。逆回りです」と言って、さかさまに回していきます。何度も名前を呼び=呼ばれて、自然と名前を覚えるようになります。

それも二回繰り返したら、今度はその呼ばれた順に並んでみます。あるいは、ボールを二個、三個と増やしていくのも面白いです。人数が多い場合、最後のほうの人は手持ちぶさたですから、早い段階でボールを増やすといいでしょう。

●チェーン術の応用編――いろいろなアイデアでチェーンをつくる（各15分）

チェーンをつくるときのアイデアはいろいろあります。参加者の属性を知る目的など、目的ごとに、いろいろなアイデアを試してみましょう。ここでは私が頻繁に使う代表的なアイデアをいくつか紹介しておきましょう。

いずれにしても、チェーンができたら、全員の属性を確認したり、ペア術を使って両どなりの人とお話をしてもらうといいでしょう。

◎ヤルキ・チェーン

いまのヤルキやテンション、元気（エネルギー）の充電度を〇から百で示すというものです。百点が難しければ、五段階評価でもできるでしょう。あるいは、あるテーマに関する関心度、または、熱心さ、やる気、自己評価などです。

私がよく使うのは、「今日、参加されているみなさんのヤルキの度合いは？　それを百点満点で示すと何点になりますか？　その点数順に並んでください」といったものです。

自己採点バージョンもできます。親として、教師として、会社員として、子育て支援者としての自己採点とか、重たいものでは、自分の人生の自己採点です。

◎経験年数チェーン

何かしらの経験年数で、順に並んでもらうことです。

幼稚園教諭や保育士としての経験年数、企業やNGO・NPOなどでの在職（在籍）年数、あるテーマの学習（たとえば、まちづくりや環境教育など）にかかわっている年数、子どもの年齢や子育て期間の年数、そのほかにもいろいろなアイデアがあるでしょう。

将来の計画でも可能です。たとえば、未婚の若者たちばかりが参加者の場合、将来、結婚したい年齢で○歳○カ月まで言ってもらって並んでもらうこともあります。

◎実家の固定電話番号チェーン——地域がわかる

広い地域から参加者が来ているような場合に有効です。次のように指示します。

「ご実家の固定電話の番号を覚えておられますよね？　たぶん。その電話番号の若い順、数が少ない順に、つまり011から並んで、099というように並んでみてください」

私は、非常勤先の京都の大規模な大学と、環境教育や子育て支援のワークショップで、このレッスンを何度もしました。「実家の固定電話番号チェーン」をすると、同じ出身地（地方）の参加者がいて、となりどうしの会話が弾みます。出身地が同じか近いだけでその人に親近感がわくようです。

郵便番号でも可能ですが、忘れている人が多く、うまくいきませんでした。もう郵便物を自分の実家に送らない時代なのかもしれません。電話番号だとなんとなく覚えているようです。

身体表現を磨くチェーン術の応用――言葉以外のコミュニケーションを促す（30分）

こうしたバースデイ・チェーンの応用編ともいえるバージョンを説明しておきましょう。言葉以外のコミュニケーションを促すバージョンです。何度か出会っている集団や、若い人や女性が七割以上だとうまくいきます。指示は簡単です。先ほどの内容に加えて、まったく口を開かずにチェーンをつくるように指示するだけです。たとえば次のように。

「さあ、では、ぐるっと輪になるゲームをしましょう。みなさん、自分の誕生日は覚えていますか？覚えていますか？……よね。では、誕生日の月と日が早いほうから、つまり一月一日生まれから始めて、十二月三十一日生まれまで、ちゃんと月日別になるように並んでください。ただし、ただしですよ、口を開いてはいけません。クチパクもＮＧです。お願いします」

少し時間はかかります。でも、言葉以外のコミュニケーション・ツールがあることを思い出してもらうためには必要です。身ぶりそぶりがあたりにゆっくりと広がっていくのを待ちます。

参加者は手で数字を示すこともありますし、手に字を書くそぶりをしてチェーンをつくることもあります。だれかが背中に文字を書き出すこともあるでしょう。

チェーンができあがったら、「じゃあ、口も手もダメですと言われたらどうしますか？」という質問をします。たとえば、音で知らせるということを言い出す参加者がいます。私は、「たしかに、足を踏み鳴らして知らせるとか拍手で知らせることもできますね。十二月三十一日生まれの人なんて、うるさくって仕方ないですよね」とか言いながら、少し場を和ませます。

そして、「口も手も、足も音も禁止されたらどうしますか?」と尋ねてみます。すると、目という声が聞こえます。そう、ウインクで知らせるという手もあります。たとえば、「右目で生まれた月、左目で生まれた日を表すとすると、私なら、九月六日生まれですから、こうですね」と、やって見せます。

●パズル形式のチェーン術――正解がないことを楽しむ（各15分）

厳密な数やデジタルな情報でチェーンをつくるのではなく、あいまいにパズルのようにチェーンになる過程を楽しむバージョンもあります。

◎レインボー・チェーン――セキトウオウリョクセイランシで並びます

指でつまんだ服の色の順に並びます。

たとえば、「自分が着ている服のなかで気に入っている色の部分を右手の親指と人差し指でつまんでください。そして、その色が、虹をつくるように、並んでください。七色の虹ですよ。セキトウオウリョクセイランシ（赤燈黄緑青藍紫）です。だいたいでいいですから、その順に並びましょう」と指示します。

相手の服装の色を見て、相談しながらパズルのように並び替えられます。クツの色でも同様にできますが、黒や茶、白が多いので、並ぶとなると混乱します。

◎血液型パズル

血液型でルールを決めてチェーンをつくります。ナゾナゾのようで楽しいです。まず、Ａ・Ｏ・Ｂ・ＡＢの四つのグループに分かれてもらいます。そうすると、同じ者どうし親近感がわくようです。血液型を知りたがる人にはもってこいです。

たとえば、「Ａどうしふたり以上並んではいけません。また、ＯのとなりにはＢがいるように。この二つのルールを守って並び替えてください」と指示します。不可能なこともありますが、適当にルールを変えて臨機応変にやってみるといいでしょう。指示したとおりに並べず、正解が出ない場合もありますが、過程を楽しめばいいのです。

◎子どもの数と性別パズル――自分の兄弟関係のパズル

子どもの数と性別の順に並んでもらうこともあります。たとえば、ひとり息子、ひとり娘、男ふたり、女ふたり、男女二人、三人（男三人・男二人女一人・男一人女二人・女三人）、四人、五人という順で並んでもらうなどです。

子どもが五人以上となると、軽いどよめきが走ります。余談になりますが、私が経験したなかで一番多かったのは年配の人で十一人。面白かったのは、上に女の子の双子、真ん中に男の子、最後にまた女の子の双子という五人の子どもの母親です。真ん中の男の子はどう育っているのか、休み時間には、当の参加者は他の参加者から質問責めにあっていました。

◎髪の毛や顔色、身長パズル

髪の毛の長い順、顔色の濃さの順というのもあります。これは服よりも楽しめます。ただ、顔や頭部のあたりを見るので、微妙なこともありますが……。

背丈の順というのはわかりやすいです。クツの高さを入れてそのままでと言うと、短い時間でチェーンになってくれます。参加者は背中合わせに立ってみたり、その高さをだれかが測ってみたりと、それもまた楽しいです。同じくらいの背丈だと目線も合うので、次のレッスンでダンス（55ページ）や肩たたき（66ページ）をする場合にはこれを使います。

●チェーンの効用はコミュニケーションと共同作業です

チェーンの効用は、輪をつくる過程で他の参加者と**コミュニケーション**ができることです。自分は話さなくても相手の言うことは聞かなければなりませんし、尋ねられたら自分のことについて話をしなければならなくなります。尋ねることにも抵抗がなくなります。また、チェーンづくりの**共同作業**には完成の段階があって、課題をやり終えたという達成感が生まれ、**チーム**のようになれます。それがチェーンの効用です。

4章 ふたりの出会いを演出するペア術

次に、ふたりずつで行うアイスブレイクを紹介します。ここでは、ふたりで行うアイスブレイクのレッスンをペア術と名づけます。このペア術を二回から五回ぐらい繰り返して、出会いを演出します。

参加者は、全員に自分のことを知ってほしいのではありません、とりあえずひとりの知り合いをつくりたいと考えています。ですから、チェーン術を繰りだしたあとは、ペア術を使いましょう。

開始時に、**「ふたりで出会うレッスンをします」**と宣言します。数回同じことをすることも予告しておきます。また、参加者が奇数の場合、必ずアイスブレイカーも参加者のなかにはいって楽しみましょう。偶数の場合でも、受付係の方や主催者などを巻き込んで無理やり自分も入ってしまうことです。

●アイコンタクト・レッスン——何人でも可能（15〜30分）

では、ペアで見つめ合う、目で出会うレッスン——「アイコンタクト・レッスン」をご紹介します。

まず、チェーンの状態のまま、となりの人とペアをつくってイスに座ってもらいます。立った姿勢のままだと敵意が出てしまうことがあるからです。「怒っている人は座らせてから話を聞け。怒りがおさまるように」と言いますが、それと同じです。そして、次のような指示を出します。

「ペアのおふたりのイスを移動して鈍角で斜めの角度をつくってください。そして、相手との間を五十センチから一メートルぐらいは空けておきます。近すぎると問題です。最初に、目の前の人と五秒間目を合わせてみましょう。はい、どうぞ、まずは上を向いてェ……。えっと、口をあける必要はありません。いまから三つ、いち、にい、さん、はい、と、カウントしますから、はい、と言ったら、始めてくださいね。そこから、一、二、三、四、五と数えます。では、いいですか」

「恥ずかしい」「気持ち悪い」という声が聞こえるかもしれませんが、かまわず続けてください。いったん終わると「ふうー」という声や笑い声があがります。そこで手を緩めてはいけません。「苦しいですねえ。じゃあ。では、次に十秒間、やってみましょう。はい。一、二……十」と続けます。最後は十五秒間です。「じゃあ、これで最後。十五秒、やってみましょう。さあどうぞ……。はいっ」と……。十五秒がリミットです。それ以上はさすがにつらい。でも、このアイコンタクト・レッスンのあとには、あちらこちらで笑顔がこぼれ、和やかな雰囲気ができます。十五秒間、表情を変えずにニコリともせず、他人を凝視できるような人はなかなかいません。たいていはニッコリしてしまいます。

そのあと、「どんな感じでしたか」と参加者に尋ねましょう。大切なシェアリングの時間です。参加者の四分の一から半分程度の人に、感想を口々に言ってもらいます。

――**私たちは、目と目を合わせることで、最初の出会いを経験します**。目が合わないと出会った感じがしないのです。だから、目で出会うためにこのレッスンを行います。私はアイコンタクトをしない人の動きをまねて見せることがあります。キョロキョロと上下左右を見ながらしゃべって見せます。とても奇妙です。目が合わないと、出会ったとかこころが通じたという感じがなく、とても不安になるのです。

世間では、「付き合っている彼氏や彼女と別れたかったら、一週間ほど目を合わせなければいい」などと言われているようです。人間関係を断ち切るためには目を合わせなければいいということでしょうが、逆に、人間関係をつくるためなら、アイコンタクトが必要なのです。

このレッスンをするもうひとつの理由は、**アイコンタクトは笑顔を誘う**からです。アイコンタクトを数十秒していると最後にはなんだか笑ってしまいます。私もだれかをまじめに、じっと見つめてみせますが、そうすると相手も自分も微笑んでしまいます。目が合うと微笑みます。それは相手に敵意がないことを示すためです。

話は横道にそれますが、幼児教育の世界では、「子どもの目線に立つ」という決まり文句があります。この決まり文句にはいろいろな意味がありますが、文字どおり子どもと目を合わせるということの大事さも語っています。子どもが何かを言いたげにするときには目を見ます。ほめるときも、しかるときも目を見ます。

たとえば、子どもがウソを言っていないかどうかを確かめるときには、「お父さんの目を見て言いなさい！」と言います。目を見られていると、こころまで見透かされるようで、子どもはウソをつけないのです。大人はどうだかわかりませんが……。

ところが、目を合わせることが大切なのに、現代社会ではアイコンタクトが少なくなってきています。メールや電話が多用されるからです。ですから、意図的に目を合わせていただくのです。

時にはこういった説明を加えてから、「じゃあ、別の参加者ともう一度やってみましょう」と声をかけ、回れ右をして別のペアで同じことをしてもらいます。二回目は一回目よりもかなりスムーズに進みます。そしてまた感想を聞きます。最終的には、ペアを変えて四人から六人ぐらいの人と目で出会ってもらいます。何事も慣れが大切です。

●触れ合うレッスン——両手の握手をしながら自己紹介（5～20分）

「両手の握手」をしている時間、お互いの自己紹介をするというレッスンをします。「両手の握手」というのは、まず、右手でしっかりと握手をしたあと、左手を相手の右手の左側につけ、右手をしっかりとつつみこむような握手です。もちろん、ふたりとも両手を差し出して握手します。握手をしたあとは、下の図のようになります。このレッスンは目で出会うレッスンをしてからのほうがいいでしょう。ずっと握手をした状態で、お互いに自己紹介をするのです。手を離さないようにと指示して、順番を決めて行ってもらいます。

参加者は、汗ばんだ手を右足の太ももあたりのズボンやスカートでふきながら、照れくさそうに両手で握手をします。このレッスンは、言葉以外の伝達手段で、手があることを思い出してもらうためです。握手する時間はほんの一、二分ですが、親近感がわきます。簡単にできるレッスンです。五人から十人の参加者と

握手をして、ひとつのレッスンとします。

触れ合うレッスンの応用編——一カ所をくっつけるレッスン（15分）

体の一部をくっつけるという難度の高いレッスンをしていただくこともあります。顔と局部以外のどこか一カ所をくっつけるというレッスンです。次のように指示します。

「お互いに相談して、これから体の同じ個所一カ所をくっつけてください。指と指、足と足、手と手、お尻とお尻など、三秒です。ふたりでどこをくっつけるか考えて、それから、三秒間です。ただし、顔面や局部はいけません。局部って、わかりますよね。大人ですから（笑）。それから、もう一度言いますが、相手が嫌がるところはいけません。合意してくっつけるところが決まったら、いったん座ってスタンバイしてください。少し待ちますね……。はい、じゃあ、立って、くっつけて！」

いろいろな面白いポーズが出ます。一組ずつ、くっつけていただいて、その部分をくっつけた理由を聞いていくと面白いです。

——相手に触れるという行為も、出会いの一部を構成しています。幼児教育の世界では、相手に触れるということを大切にします。意識的に子どもに触ります。朝、子どもを幼稚園に迎えたとき、先生は抱きしめてあげたり、何らかのボディタッチ（スキンシップ）をしたりします。バス通園が多くなったので、なかなかボディタッチは見られなくなりましたが、先生は上手に子どもの体に触れます。お帰りの時も、必ずひとりひとりと握手したり、手を握って「さようなら、またあした」という儀式をしたりします。幼稚園だけではありません。人を励ますときには、肩をたたいたり、背中をさすったりします。相手に触れるのは出会いの大切な一部分です。

ただし、このレッスンは参加者集団によっては要注意です。見知らぬ相手や嫌な相手から触れられると私たちはぎょっとする場合もあるのですから。高校生や二十代の男女ばかりの集団、年配者や男性が多い場合では避けたほうが無難です。参加者集団をよく観察して、自然な流れのなかで試してみましょう。

●「三つの質問」のレッスン（一回あたり3〜5分）

次に、言葉を使った出会いのレッスンについて説明しましょう。

まず、じゃんけんをしてもらって順番を決めます。次に、勝ったほうが負けたほうに、短い返答で答えることができるような簡単な質問をします。三回の受け答えを連続して行います。終わったら、負けたほうが三つの質問をします。制限時間を決めておいて時間がくるまで繰り返します。

――このレッスンは言葉を使った出会いの導入のためのものです。話し手と聞き手をきっちりと分けるというレッスンでもあります。時間が十分にある場合は、五回ぐらい交互に質問をしてもらえるように五分ぐらいとればいいでしょう。時間がなければ、一、二分でも十分楽しめます。

●うなずきのレッスン（一回あたり5分）

「うなずきのレッスン」は「三つの質問」と同様に言葉での交流のレッスンです。ただし、話し手と聞き手をしっかりと分けています。聞き手の側の訓練も狙いにしています。

まず、じゃんけんをしてもらって順番を決めます。そして、片方の参加者に自己紹介や何らかのエピソードの披露、あるいは意見や考えを制限時間内でお話ししてもらいます。その間、もう一方には、意識的にうなずくように指示します。終われば立場を入れ替えてもう一度行います。

具体的には次のようにします。

「聴き上手な人はうまいタイミングで、「。」という、わかった、納得のうなずき、「、」という、合いの手を入れる程度のうなずき、「！」という、びっくりのうなずき、「？」という、ちょっと理解できな

い、そのところもっと詳しくのうなずき、の四つのうなずきをします。そこで、片方の人は、自分の自己紹介（エピソードの披露）をしてください。どんなお話でも結構です。もう片方の人は、その間、じっくりと意識的にうなずいてください。「でも」とか、「私もね……」という話を入れ込まずに、相手の話だけを聞いてじっくりうなずいてくださいね。そして、できる限りこの四つのパターンのどれかわかるようにしてくださいね。ひとり当たり、一分三十秒です。これから時間を計ります。さあ、どうぞ」

――上手にうなずいてもらうと、話をしやすいのです。用意していなかった話まで、ついうっかりしてしまうこともあります。語るに落ちるというヤツです。うなずいてくれる人がいれば安心して話し続けられます。ところが、最近はうなずく人が少ないのです。テレビを見るようになったせいでしょうか。

理由はわかりません。**このレッスンは、話をするためだけではなく、聴く力をつけるためのものです。**

●あいづちのレッスン（一回あたり3〜5分）

応用編として、「あいづちのレッスン」というのも行います。うなずきもさることながら、あいづちを入れることも大切です。あいづちには「は・ひ・ふ・へ・ほ」の五つの種類があると説明して、できる限り合いの手を入れて話を聞くように指示します。やり方は「うなずきのレッスン」と同じです。

少し説明しておけば、

「はぁー」は、軽いあいづち。ちょっと不思議かなという程度。あいまいな返事。

「ひぇー」は、驚きの表現。自分ならそういうことはしないという驚き。

「ふーん」は、納得の表現。聴いていますよというサイン。

「へぇー」は、深いあいづち。意外感の表現。

「ほぉー」は、評価・尊敬の表現。

といったところでしょうか。別名「**はひふへほレッスン**」と説明することもあります。

応用編の「あいづちのレッスン」では、うなずきも加えて、自己紹介ではなく、「最近あったうれしい出来事」とか「私の自慢話」という題目を掲げて、片方の人に話をしてもらうのもいいでしょう。

●ダンスのレッスン（一回あたり5～10分）

次に体を使ったアイスブレイクのレッスンを紹介しましょう。

「ダンスのレッスン」とは、相手の手の動きに合わせるというレッスンです。まず、ペアで向きあって立ってもらいます。次に、お互いに手が相手の肩まで届くぐらいの距離に立ちます。そして、両手の手のひらを、下の図のように自分の前につき出して、相手と向きあいます。指一本ぐらいの間隔をあけて、手と手が向き合った状態にします。その後、合図があったら、片方の人が自由に手を動かし、もう一方の人が、手と手の間に指一本分ぐらいの距離を保ったまま同じように動かすというレッスンです。三十秒ずつ交互に行います。

――これは相手のこころの動きについていく模擬的なレッスンです。相手の動きに追従するのは難しいものです。両手がバラバラに動くこともあるし、スピードも変化します。ヒザの曲げ伸ばしをしても

よいことにすると、激しい動きも生まれます。アクロバットのような動きをする参加者もいます。逆に、動かしていくほうは気持ちがいいものです。何をしても、どこへどう動かしても相手がついてきてくれるのですから。しかし、ついていくほうは大変です。ただ手を動かすだけなのに疲れます。このレッスンでも終わったら感想を聞いてみます。

●イニシアチブのレッスン——見えないものを一緒に見ながら（30分程度）

ダンスをしたあと、ふたり一組の間に、輪ゴムを置くふりをします。何もない手のひらから輪ゴムをひとつつまみ出して見せるそぶりをしながら、「はい。ここに輪ゴムがありますね。はい。これが輪ゴムですよ。見えますか？」などと言います。それを各ペアに渡して、ふたりとも片手の親指と人差し指で輪ゴムをつかんで、それをふたりの間でお互いに引き合うようなしぐさをしてもらいます。

本当は輪ゴムはないのですが、あるかのようにしてゆらゆら動かして遊んでもらいます。ビヨーン、ビヨーンと輪ゴムを伸ばしたり縮めたり、ときどき遠くまで引き伸ばして、指を離してパチン。「アイテテテ」などとする人がでてきます。遠くに離すと、相手がパチッと手を離さないかとコワゴワした表情を見せる人もいます。でも、輪ゴムは伸び縮みしますから、ふたりともある程度自由に右手を動かせます。

次に、その輪ゴムを二本にするように指示します。両手で引っ張り合いをするわけです。見えない輪

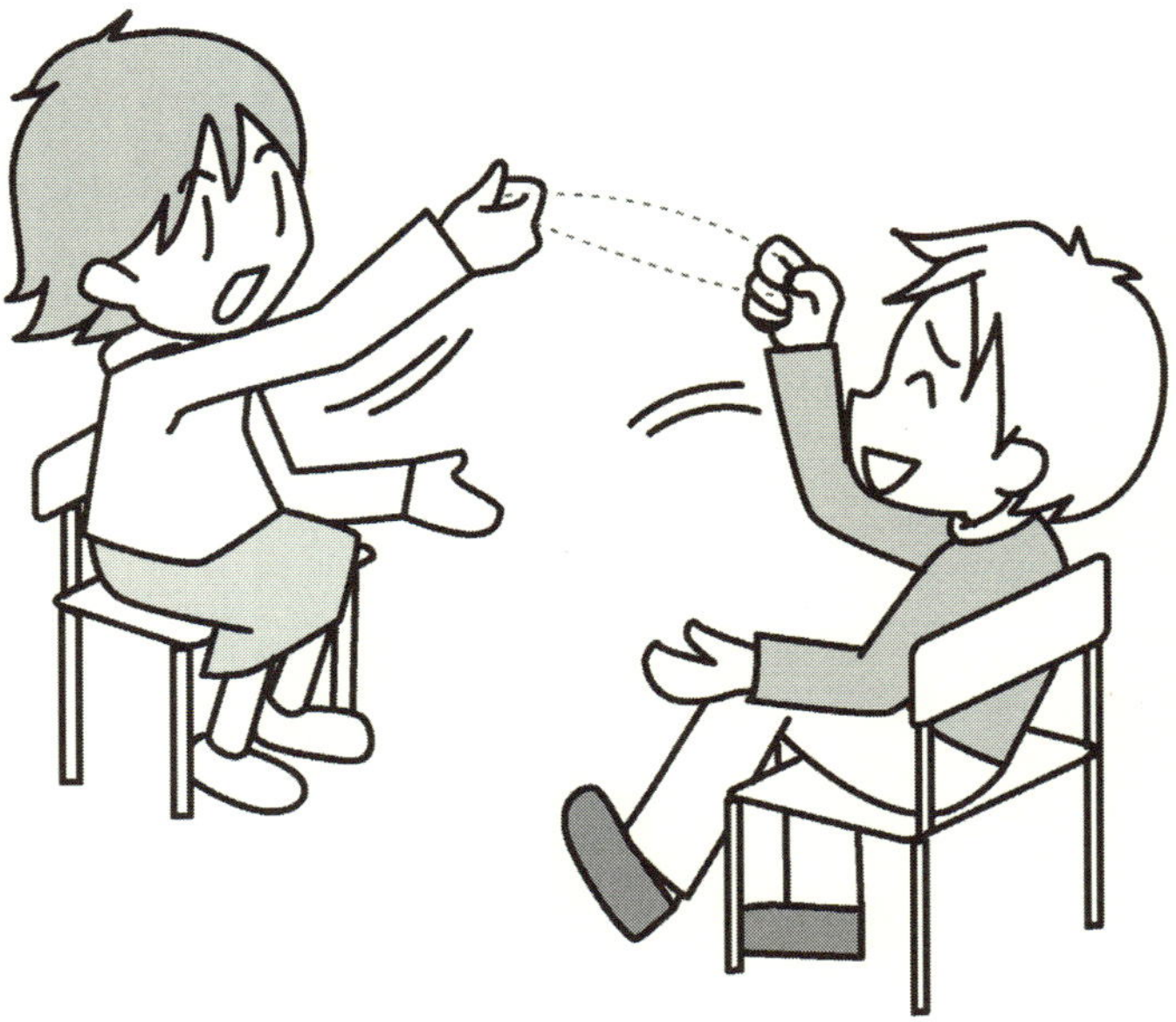

ゴムを一緒に見て、パチンなどとやっては遊びます。何度か繰り返してやってみます。

さらに、輪ゴムを割りばしに変えてみます。同じように、何もないところから割りばしを取り出すふりをして手渡します。これも一本から二本へと増やします。

その次はノートです。そして、見えないノートを持ったまま立ち上がってあちこちを動いてもらいます。なんだか奇妙な空間ができあがります。何も知らない人がこの風景を見ると異様に映るでしょう。でも、ふたりの間には、キチンと見えないノートが見えるようになっています。これが見えないものを見るレッスンです。

――これはイニシアチブ（主導権）**の交代のレッスンです**。ふたりで見えない輪ゴムを引っ張り合っていると、最初はどちらかが主導権を握って輪ゴムを動かそうとします。相手はその動かされた輪ゴムについていこうとします。その追従の動きがしばらく続くと、今度は動かしている側（主導権をもっているほう）が相手に気を使って、相手に主導権を渡すようになります。渡された側は、「あっ、今度は自分が主導権を握っていいんだな」というふうに思って、自分が動かしはじめます。またしばらくすると、動かしているほうは動きを止め、相手に主導権を渡します。

こうして相談してもいないのに交代が起こるわけです。つまり、ふだんの会話と同じなのですが、話し手と聞き手が入れ替わり、またもう一度入れかわるという交代が起こるのです。見えない割りばしや見えないノートでも同じようなことが起こります。席を立って歩き回るときには、どちらかが主でどちらかが従で、その交代を繰り返します。私たちは、動きでも話でも、自分だけがずっとイニシアチブをもっているわけにはいかないのです。

●見えないものを一緒に見るレッスン（15分）

見えないものを一緒に見るために、ふたりのペアで、見えないボールの受け渡しをしながら、ひとことずつ会話を交わすというものです。次のように参加者に指示します。

「ひとこと相手に声をかけて、見えないボールを投げます。たとえば、「今日はお天気がいいですね」ぐらいです。受け取った側は、「そうですね」とか、「でも、雨が降るそうですよ」とか、ひとこと言って相手にボールを返します。ボールをもらったほうはもらったほうで、またもうひとこと、「この会が終わったらどこへ行きますか？」というふうに話を続けます。ボールを持っているほうだけが話をできるというルールです。では、どうぞ始めてください」

最初は三十センチぐらいの距離からやさしくボールを手渡しします。そしてどんどん距離を広げていき、最後には五メートルぐらい離れて、見えないボールでキャッチボールをします。ときどきボールを落としてひろいにいくなど、いろいろと工夫をします。もちろん、実際にボールを用いてもいいのですが、一連の見えないものを見るレッスンでは後のレッスンのために、あえて見えないボールにするのです。

――このレッスンは、「話し手」と「聞き手」を意識するレッスンでもあります。自分が発言する側にいるということを明確にして声を出します。「イニシアチブのレッスン」にも似ています。

●見えない縄跳びで大縄跳び（15分）

これはペア術ではありませんが、見えないものを一緒に見るレッスンの応用で、見えない縄跳びで大縄跳びをするというものです。まず、ひとりひとりが練習で見えない縄跳びで縄を跳びます。二重跳びや、三重跳びをして遊びます。この練習が終わったら、全員で見えない大縄で縄跳びをします。次のように指示します。

「はい。ここに縄がありますね。（実際には縄はありませんが）そちらの人、こっち側を持ってください。こっちの人、これを……。おふたりとも、できるだけ体を大きく使って、みなさんによくわかるように縄を回してください。まずは練習です。（縄が回りはじめたら）では、ひとりずつ入ってみましょう。

そーれ」

ふたりが回す見えない縄で大縄跳びをします。最初はひとりずつ跳びます。次に、二人、三人と数を増やします。アイスブレイカーはじっと見ていて、引っかかっている参加者がいれば、その人を指さして、縄を回す人と交代してもらいます。

何度かやっていると、不思議なことにそのうち縄が見えはじめるのです。参加者は「縄が見えた！」と感動します。「見えたね」「うん、見えた見えた」と一緒に見たことを喜びます。

目で捕まえるレッスン（15分）

ペア術の最後に、「目で捕まえるレッスン」を紹介しておきましょう。私の場合は、参加者が少しほぐれてきてから行いますが、チェーン術の時間を省いてペアをつくりたいときにも使えます。

次のように指示します。

「目で相手を捕まえるレッスンをしましょう。まずは丸い輪になってイスに座ってください。私が合図をしましたら、最初は、頭を下げて床を見てください。次の合図があったら一度顔を上げて、だれかペアになったくれる人を目で探して、アイコンタクトをして、ペアだとわかったら頭を下げてくださ

い。そのあとそのふたりでペアを確認します。では、はい、と言ったら、うなだれて下を向いてください。床を見てくださいね。あ、気の早い人！　まだ下を向かなくても結構です。で、私が次にもう一度、はい、と声をかけて手をたたきますから、その状態で首だけ上に上げてあたりを見渡してください。そして自分のパートナーを探して、目で捕まえて、ふたりがパートナーだとわかったらだまってまた下を向いてください。アイコンタクトをするわけです。決してしゃべってはいけません。また、指さしてもいけません。ただ、うなずくのは結構です。全員が下を向いたら、私がまた、声をかけます。ここには参加者のみなさんだけで偶数ですからペアになるはず……、なんですが、もし、仮に、だれもいなければ、残った最後の人は私を見てください。私とペアになりましょう。じゃあ、いいですか、ゆっくりと下を向いてください」

参加者全員が再び下を向いたら、顔を上げてもらいます。そして立ち上がって、自分のパートナーと握手して、ペアになって座ってくださいと指示します。具体的には次のように言います。

「では、みなさん顔を上げてください。それでは立ち上がって、いまアイコンタクトをしたパートナーのところへ行って握手をしてください。そしてふたりずつイスに腰掛けてくださいね。そして、少しだけ、そうですね……二分差し上げますから、自己紹介めいたことを話してください」

どうしてなのか、相手が捕まらない場合や三人で集まってしまう場合もあります。その場合、あわてて理由を尋ねたり、困惑した顔をせずに、とりあえずそこらの参加者でペアをつくってもらって、同様にして、ふたりで自己紹介をしていただきます。

二回目の「目で捕まえるレッスン」をする前には、感想を話してもらったり、捕まえるコツについて気づいたことを話してもらいます。そして、さっきの相手とは違う相手を選ぶように指示して、もう一度このレッスンを繰り返します。時間に余裕があれば、繰り返してペアをつくるといいでしょう。

——**目が合う人はきっと気が合う人です**。私にはそういう確信があります。このレッスンでは、参加者が自分で話したい人を捕まえることができます。自主的に相手を見つけてペア術にもっていくこともできるのです。ですから、ふたりのペアになったときの話の弾み方が違います。

もちろん、目を使い慣れていない人もいますし、こうしたレッスンに慣れていない人もいるかもしれません。参加者集団が「固い」場合は、このレッスンは使えません。

5章 集団での出会いを促進するグループワーク術

では次に、グループで行うレッスンについて説明しましょう。最初に六人で行うレッスンを紹介し、後半は四人から二十人ぐらいまでで楽しめるレッスンを紹介します。ここでの記述の順番は、実際のアイスブレイクの順番とは関係がありません。場面に合わせてお好きなレッスンをお好みの順番にしていくといいでしょう。目安の人数と時間を記入しましたが、同時に数グループできますので、いずれも四十人程度までは可能です。

レッスンに入る準備として六人で出会いのレッスンをします

私はバズ・セッションでよく使われる六人一組のグループを好みます。四人では少なすぎますし、八人だと多すぎるように思うからです。いずれにしても偶数のほうがやりやすいです。六人にしたうえで、参加者に番号をふっておいてペア術をグループワーク術に応用します。

ちなみに、**バズ・セッション**（buzz session）とは、「小グループでの非公式の話し合い」のことを指しますが、バズ（buzz）とは、ハチや機械などがブンブンと音を立てる、忙しく動きまわる、ガヤガヤとざわつくという意味です。町や酒場などで「飲み騒ぐ」という意味もありますが、このグループワークではまさしくハチの巣をつついたようになります。アイスブレイカーはマイクを使うほうがいいでしょう。

ポイントは六人に番号をふり、番号でペアを指定して、アイコンタクト（45ページ）、**握手**（49ページ）、**「三つの質問」**（51ページ）**などのペア術を応用することです。**

まず、机のまわりに下の図のように座ってもらいます。そして六人の参加者に番号をふります。1番から順に、6番まで番号をふっ

○○さんから1番
○○さんは2番…
1番
私は2番
3番ね
4番
5番よ
6番だね

て、手を挙げてもらって番号を確認します。そして、ペア術とチェーン術を応用して、レッスンを展開します。

最初に、次のように指示します。「まず、1番と2番の人、3番と4番の人、5番と6番の人、アイコンタクトをしてください。さあ、五秒いきますよ」と。そしてアイコンタクトを促します。次に、1番と4番、2番と5番、3番と6番の人でアイコンタクトをしてもらいます。

アイコンタクトの次は、握手です。たとえば、「1番と6番、2番と5番、3番と4番の人、『両手の握手』をして自己紹介をしてください」といったように続けます。これまでの応用編です。あるいは「1番と4番、2番と5番、3番と6番の人、肩をたたき合ってください」などと言って、ペア術を使います。同じように、ペアを数字で指定して、「三つの質問」をしてもいいでしょう。

ペア術で行ったアイコンタクトや握手、「三つの質問」などのレッスンを相手を替えて行うわけです。こうしてグループがひとつのチームになるようにしていきます。

●となりのとなりのゲーム——名前の確認で親近感を醸し出します（6人／15分程度）

名前を「呼ぶ＝呼ばれる」という「となりのとなりのゲーム」を説明しましょう。ルールは簡単です。自分の名前（名字ではありません）を言う前に、自分の前に名前を言った人全員の名前を言うだけです。

最初は1番の人です。そこから順に6番まで続けます。最初の人は「コウイチロウです」だけで済みますが、次の人は「コウイチロウさんのとなりのチカコです」と言います。次の次の人は、「コウイチロウさんのとなりのチカコさんのとなりのタカヒロです」、次の次の次の人は、「コウイチロウさんのとなりのチカコさんのとなりのタカヒロさんのとなりのトモユキです」といったように六人目まで続けてもらいます。ですが、これで終わるわけではありません。二回することがポイントです。今度は逆回りにして、6番から順に確認します。

ある程度練習をしたら、そのあとはグループごとの競争をします。最初に全員に立ってもらいます。そして、たとえば、次のように指示を出します。

「では、今度は、3番の人から右回りで、4番、5番、最後が2番になるようにします。そして、2番の人が全員の名前を言い終わったら、全員でさっと座って拍手をしてください。また、もし、このレッスンの最中に名前を忘れてしまったら、だまっていないで助けてくださいね。では、どのグループが一番早いか競争です」

この競争のレッスンも二回続けます。**グループワーク術では、アイスブレイカーは外からながめているほうがいいでしょう。**チームに入っているようで入っていないアイスブレイカーの存在が、時として邪魔になることがあるからです。アイスブレイカーは司会進行役に徹するほうが無難です。

――これはチームになるレッスンです。チームでは、メンバーの存在意義をお互いに確認し、助け合って目的遂行をめざします。グループとは、見ず知らずの人間が何の目的もなく集まった集団です。できるだけ早く座るという目的（共同作業）を設定して、参加者にチームワークを経験してもらい、六人のグループをチームに変えていくのです。

●クマが出たゲーム——口を開いて言葉を出しやすくする（6〜10人／10分）

「クマが出たゲーム」は、本来は、幼児対象のゲームですが、集団のなかで声を出すレッスンとして用います。アイスブレイクの最初のほうに使うといいでしょう。「クマ」を参加者のひとりの名前にして、「出た」を「来た」に変えて、「イチロウさんが来た」という合言葉にしてもかまいません。テーマによっては「子育てについて考えよう」でも結構です。

できれば、縦に六人並んでもらいます。イスに座って右回りというのでも実施できます。人数は多くても十人ぐらいまで。それ以上になると後ろの人が退屈してしまいます。

このゲームのルールは次のようなものです。

1番の人が、次の2番の人に向かって「クマが出た」と言います。しかし、2番の人は一度ではクマが出たということがわかりません。そこで、「えっ？」と聞き返します。そうすると先頭の1番の人は2番の人にもう一度「クマが出た」と言わなければなりません。二度聞いて、ようやく2番の人はクマが出たことがわかります。「がってんだ！」と返事をして、3番の人に「クマが出た」と言います。

ところが、またまた3番目の人も一度では理解できないのです。そこで、「えっ?」というふうに2番の人に聞き返します。2番目の人は、もうクマが出たことを忘れています。そこで、1番の人に、「えっ?」と聞き返します。

そうすると1番の人が「クマが出た」と言います。今度は2番の人は一度理解していますから、一回聞いただけで理解して、「がってんだ」と言い、「クマが出た」と伝え、3番の人がようやくそれを聞いて、「がってんだ」と言って、「クマが出た」と4番の人に伝えます。そうするとまた4番の人はわからないので、「えっ?」と聞き直し、3番の人から2番と1番の人へ、「えっ?」「えっ?」「えっ?」と戻っていきます。

次に、1番から2番、3番、4番というふうに、「クマが出た」「クマが出た」「クマが出た」「クマが出た」と言い、そして5番の人が「えっ?」と言ったところで、また。「えっ?」「えっ?」「えっ?」「えっ?」と戻っていって、そしてまた、「クマが出た」「クマが出た」「クマが出た」……というふうに続くゲームです。

最後に6番目の人が言い終わると座ってもらいます。一回目が終わると今後は逆回りに6番から順に進めます。

このゲームは早さを競うだけのゲームのようですが、チームづくりにはなかなかいいものです。口を動かすので、静かな集団やなかなか口を開かない集団にはふさわしいでしょう。

一番最後の人がびっくりして、「がってんだ。クマが出た!」と言った瞬間、みんなでどこかに逃げたり、バンザイをしたりすると面白いです。

●人間コピー（6人／10～40分／紙とペンが必要）

グループ全員の目と手で、簡単な絵をコピーするレッスンです。

アイスブレイカーは、参加者の目に触れないように、適当な絵を描いて準備しておきます。まず、その絵を会場の外か参加者からは見えないところに貼ります。各グループの机の上に、A3ぐらいの紙（または模造紙）とペンを三本置きます。そして、会場外に貼られている絵をその紙に再現してもらうのです。

ただし、グループのメンバーのうち三人は絵を見にいけますが、ペンを持って自分で描くことはできません。あとの三人は、他のメンバーの話を聞いて描くことはできますが、絵を自分で見にいくことはできません。見にいく役の三人が、描く役の三人に、言葉でその絵について教えて絵を描くわけです。

私はこれを**人間コピー**と名づけています。

時間制限は絵の複雑さによります。最初に練習で簡単な図形を人間コピーするなら、一回あたり五分で十分です。本番として、ちょっと複雑な絵を人間コピーするとなると十分か二十分ぐらいかかるでしょう。カラーペンを使って色を使った絵を人間コピーするときは三十分というところでしょうか。手軽に行うためには、最初に、本書の72ページの簡単な絵を使い、二回目は73ページの絵を使います。簡単なほうは十五分程度、難しいほうは二十五分程度かかるでしょう。

このレッスンのポイントも二回行うことです。見る人と描く人が交代して行うといいでしょう。一回目と二回目の間には相談する時間を与えます。そうするうちにチームになっていきます。

なぜかこのレッスンをしていると多くの人が走りだします。転んでけがをしないように環境には十分配慮しましょう。絵を見にいくときに、あせって走らないように指示することも大切です。

人間コピーが終わったら、それぞれどのグループが一番上手であったかを比べたり感想を聞いたりしましょう。そしてこのレッスンの意味を考えてみるといいでしょう。

人間コピー配置図

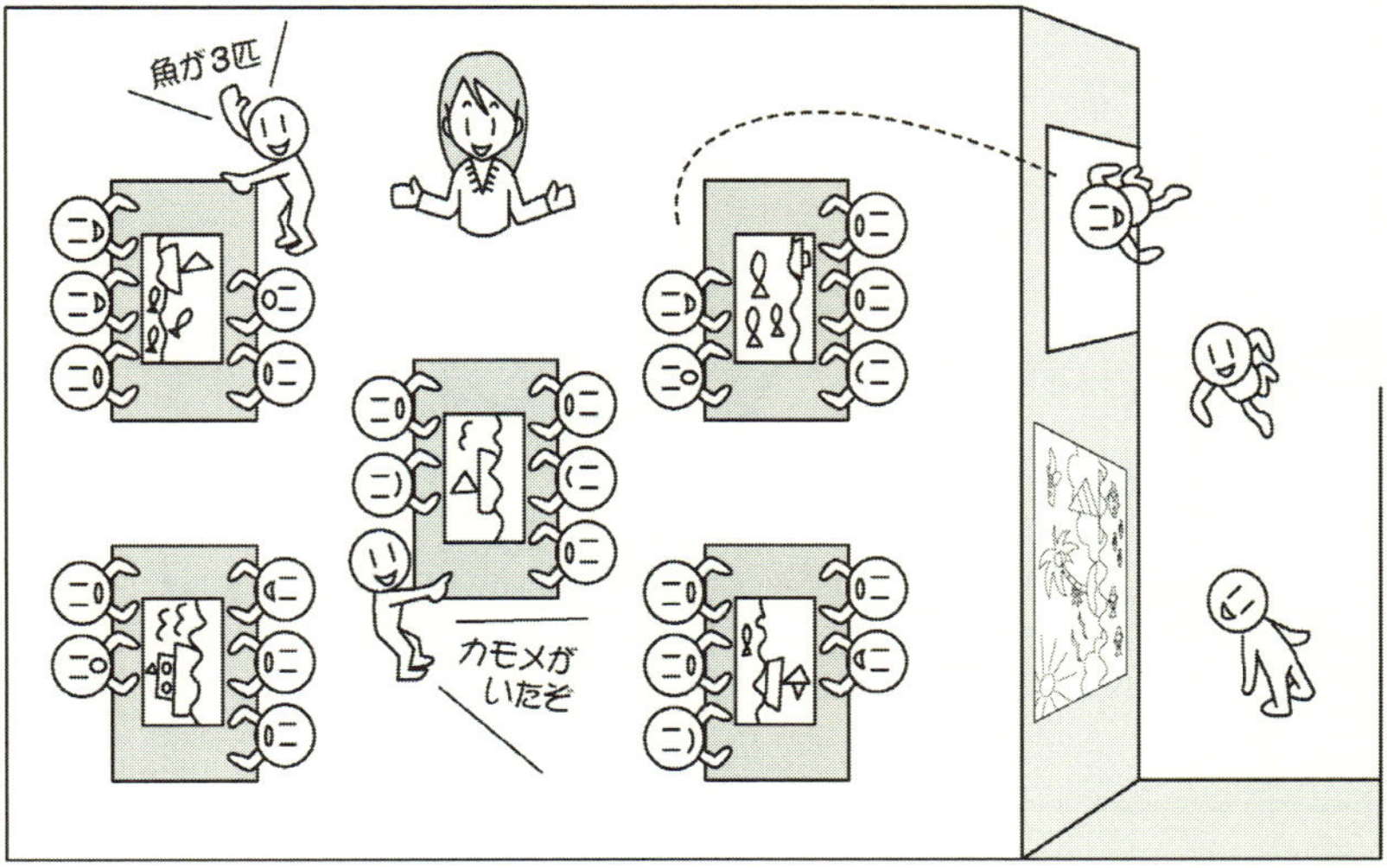

●手で出会うレッスン（6人／45分）

「手で出会うレッスン」は、目隠しをした状態で握手をし、相手の名前を当てるというレッスンです。

このレッスンをするときには、相手の顔と名前を覚えなければいけません。しかも、相手と握手をすることが必要です。いろんな人たちと何度も何度も握手をして、相手の手と顔と名前を覚えるまでの時間が必要です。おおよそ五分間ぐらい間をおいて待ちます。あるいは、他のグループワークのレッスンをして名前がわかったあとのほうがいいでしょう。

まずは、1番から6番と番号をふった人のなかで、1番の人にイスに座ってもらいます。次に、2番の人にその1番の人の背後へ回ってもらって、Ａ４の紙か新聞紙（あるいはバンダナ）で、目隠しをします。化粧をしている女性もいらっしゃいますし、顔を触られたくない人もいますので、紙を使って、その紙が顔に当たらないようにして、視覚を遮断するほうがいいでしょう。

そして、イスに座っている1番の人は握手をするように右手を前に差し出します。そのあと、残りの3番から6番の人が、ばらばらに1番の人と握手をし、1番の人がどの人の手であるかを当てるのです。その際、後ろに回っている2番の人も適当な時に目隠し役を交代してもらって握手をします。

こうして、座っている人以外の五人のメンバーのうちの何人の手が当てられるのかということを試していくレッスンです。

最初の人が終わったら、2番の人が座って当てる役になります。3番が目隠し役になって進めます。

順次交代する際には、もう一度握手をしておくように指示します。そうしないと感覚が鈍ってしまってまったく当てられないこともあるからです。こうして六人全員が手で出会うレッスンをします。

手の感覚がいい参加者もいます。だれの手、だれの手、だれの手というふうに五人全員を当てられる人もいますし、まったくだめ、という人もいます。

――私たちは、触れ合うことで相手を理解します。言葉や目だけではなく手でも出会います。手で出会うときには、その手の大きさやぬくもり、握手の仕方、雰囲気で相手を知ります。そして、「あっ、この手がこの人なんだな」というふうにわかると、とてもうれしいものです。

振り返れば、私たちは、子どものときには親に手を引いてもらっていました。若いころにはたいていカップルになって男女で手をつなぎました。そのうち高齢者になって子どもに手を引いてもらいます。人生には何度か手をつなぐ契機があるのですが、日本では赤の他人の手を握ることはそれほどありません。ですから、手で出会うことも価値があるのです。

応用編として、**手の温度順に並ぶレッスン**もできます。これは手で出会うレッスンのあと、その印象を深めるために全員で行います。単純に手の温度の冷たいほうから、あたたかいほうへと並んでチェー

ンをつくるレッスンです。チェーンができあがったら、冷たい人から順に全員と握手していきます。

●ピン・ポン・パンレッスン（6～10人／15分程度）

目と手と口を使う「ピン・ポン・パンレッスン」は、六人のグループでも十人以上でもできる言葉を使わないレッスンです。

輪になった状態で、最初の人が、だれかひとりとアイコンタクトをとり、その人を指さし、「ピン」と声に出して叫びます。指さされた相手は、今度はまただれかを指さし、「ポン」と言います。次の人は「パン」と言います。その次はまた「ピン」から始めます。こうして、次から次へと、「ピン・ポン・パン」「ピン・ポン・パン」と続いていきます。**アイコンタクト―指さしという行為―声**。この三つの道具で「ピン・ポン・パン」が続きます。

ある程度続いたところで、指さしを封印して、声と目だけでピン・ポン・パンレッスンをしてもらいます。指さしを禁

止するのです。首やあご、足を使う人がいますが、それもなんとか続くでしょう。最後は、目だけでやってみるように指示します。声を出さずに行うのですが、なんとも奇妙な空間ができあがります。

応用編として、全員が立った状態で始め、「パン」で撃たれた人が「ピン」と言いながら座っていき、最後の二人のうちひとりが「パン」と言ってもう一方を撃ち、二人一緒に座るというルールでゲームを続けることもできます。チームごとに全員が座る早さを競うわけです。

●そのほかのレッスン――共通点探し／体しりとり／ペイパータワー／風船

次に、六人で行うレッスンを四つ簡単に紹介しておきましょう。

◎共通点探しのレッスン（6～10人／10分）

六人のグループにA4の紙一枚とペン一本を渡します。そして、そのグループでメンバーに共通することをできるだけたくさん書き上げていただくレッスンです。参加者は、自分のことを語りはじめ、その他の参加者はどうかと尋ねます。「私はこうだけどみんなはどう？」というようなやりとりができます。自己開示が始まり、他者に質問を投げかけるようになるのです。制限時間を五分から十分程度として行います。最後は、でてきた共通点について、それぞれのグループごとに発表してもらいます。

◎体しりとりのレッスン（6～10人／10分）

文字どおり自分の体で形態模写をして、声を出さないで「しりとり」をするレッスンです。ただ、わかりにくいので、最初に指で何文字の単語かを示すように指示します。たとえば、ゴリラであれば、3という数字を指で見せます。そして、ゴリラのまねをします。その次に「ら」で、ランドセルとなれば、また同じように5という数字を出して、ランドセルを背負うまねをします。全員でひとまわりする早さを競うレッスンですが、うっかり「ん」で終わることもあり、なかなか面白いものです。

◎ペイパータワーのレッスン（4〜8人／30分）

六人のグループにＡ４の紙五十枚か新聞紙五日分などを大量に渡し、その紙を丸めたり折ったりしてグループで紙の塔を作ってもらうレッスンです。最初に、五分から十分の相談時間を設けます。その間、紙に手を触れてはいけないことにします。そのあと、五分から十分で塔を作ってもらい、その高さを競います。チームになるためのレッスンです。

◎風船のレッスン（6〜10人／15分）

準備物として風船が必要です。あらかじめ膨らましておきます。一グループにつき三つ必要です。まず、輪になって手をつないでもらいます。その状態で、アイスブレイカーが輪のなかに風船を入れ、それを地面に落とさないように、手でついていてくださいと指示をします。ただ、つないでいる手を使ってもいいのですが、頭や足は使わないようにと指示します。

続いてアイスブレイカーが、二番目の風船と三番目の風船を次々に入れていきます。グループがたくさんあるときはアイスブレイカーは次から次へと別のグループにも風船を入れます。参加者たちは最初は混乱しますが、そのうち自分の右手だけを動かせばいいことに気づいていきます。このレッスンも途中で相談の時間を入れて、二回行うほうがいいでしょう。そして、終わったらこのレッスンの意味を全員で考えてもらいます。

●「こころをひとつに」のレッスン（10～20人程度／10～20分程度）

では、ここからは、十人から二十人程度でできる集団のグループワークについて説明します。

まず「こころをひとつに」という数字を読み上げていくレッスンを紹介しましょう。次のように指示をします。

「ここにいま、十五人の人がいます。ひとりがひとつずつ数字を順に、一、二、三、と数えていって、十五まで数えられたら、それでレッスンは終了です。ただし、二秒以上の間があったり、ほぼ同時に数字を叫んだり、つまり、声がかぶったり、数字を間違う人がいる場合には、もう一度最初からやりなおしになります。私がストップをかけ最初から再開します。さあ、まずは円をつくり、外側を向いてやってみましょう」

最初は全員が外側を向いたようなチェーン状態で立ってもらいます。そして、開始の合図をします。声がかぶっていたり、二秒以上の間があったりすれば、遠慮なく「はい。もう一度。最初から」と言ってやりなおします。五回ほど試したあと、全員に回れ右をしてもらって向き合ってもらいます。そうすると、アイコンタクトや指さしが可能になります。そのことには触れずに、「じゃあ、今度は前を向いてやってください」と指示します。なかなかうまくいかないことがあります。そのときは一、二分程度の相談する時間を設けるといいでしょう。そうすると参加者たちは、数字を言ったら座っていこうとか、指をさそうとか、アイコンタクトをしようというふうに決めて最後まで数えることができます。

●声で出会うレッスン（10人／20分程度）

「声で出会うレッスン」とは、背中越しに人を呼ぶレッスンです。

会場設営の準備では、次ページの図のように扇形にイスを置きます。扇の要のイスには呼ぶ側の人が、前のイスには呼ばれる側の人が座ります。

最初に、呼ぶ側の人に扇の要の位置に座ってもらいます。次に、呼ばれる側の人に番号を振りながら、「あなたは1番です。こちらへどうぞ」と誘導して一列目の端から順に座ってもらい、一列目は二人、二列目は三人、三列目は四人、合計九人に座ってもらいます。このとき、呼ばれる側の人は呼ぶ側の人に背を向けて座ってもらいます。また、人数が多い場合、残りの人はギャラリーになって、呼ぶ側の人の後ろに立ちます。詳しくは次ページの図を見てください。

最初に、呼ぶ側の人とともに、呼ばれる側の人の番号を確認します。次に、呼ぶ側の人に、アイスブレイカーとギャラリーに向かって、何番に声をかけるかを指で数字を示して知らせるように指示します。その際、呼ばれる側の人にわからないようにします。

そして、呼ばれる側の人には、自分が呼びかけられたと思ったら、くるっと後ろを振り返るよう指示します。できるだけ勇気をもって積極的に振り返るように促しておきます。

そのあと合図をして、呼ぶ側の人に、呼びかける相手の背中に向かって声を発してもらいます。メッセージの内容は、「いい天気ですね」とか「アイスブレイクが終わったら飲みにいきましょうよ」といった一般的なものです。明らかに特定の人に向かうようなメッセージは遠慮してもらいます。

最初のうちは、参加者は照れくさくってなかなか振り向きません。自分が呼ばれているという感覚がないのです。ですから、間違ってもいいので、できるだけがんばって振り向いてくださいというような指示を出します。声を出すほうの人も励まします。

呼ぶ側の人も呼ばれる側の人も入れ替わり立ち代わりどちらも経験してもらいます。たまに、何度呼んでもだれにも振り向いてもらえず、泣き出す人もいます。そんなときには少しケアが必要です。

――これは本当の呼びかけに答える難度の高いレッスンです。私たちは、メールや電話でやりとりをしていることが多いので、生の声を届けるという訓練があまりできていません。顔を合わせていても本当の意味で「呼ぶ＝呼ばれる」ということが多くはありません。ですから、声を背中に「ドン」と当てるということが難しいのです。でも、それだけに、うまく声が当たってこちらを振り返ってもらうと、とてもうれしいものです。教師は、こういった呼びかける行為が非常に得意です。教室で子どもたちがわいわいがやがやしているとき、「こぉらそこ、何しているんや！」というふうに言うと、言われた子はびくっとするようなことがあります。本当に声が「ドン」と届くのです。

このレッスンでは、背中に向かって、声が「ドン」と突き当たってくるような感覚を体験してみましょう。大きな声がよく届くとは限りません。小さな声でも、すっと通る場合があります。目が合うととてもうれしいように。声が突き当たってくると本当にうれしいものです。

●人間知恵の輪（10～15人／15～30分程度）

非常にポピュラーなレッスンです。ご存知の方も多いでしょう。十人から十五人ぐらいの密集した集団になり、バンザイをします。そして適当な手を握ってもらいます。全員の手がだれか他の人の手と握り終わったら、その「もつれた状態」から輪の状態に戻ってもらうというレッスンです。

具体的には、「輪になって互いに向き合ってください。全員が両手を前や上に出し、だれでもいいので、ぐちゃぐちゃに交差させて手を握ってください。両どなりの人は避けてください」と指示し、全員が手を握ったことを確認した後、それを解いてもらいます。「できるだけ手を離さずに」と指示しますが、難しい場合もありますので、時にはつなぎかえてもいいなどと臨機応変に援助して輪の状態に戻します。身体接触があるうえに、みんなでパズルを解くというようなイメージがあってとても楽しいものです。

●「物語紡ぎ」レッスン（10～20人／10～30分程度）

丸い輪になって、順に、短い文章をつなげてみんなで物語を作るレッスンです。「短い文をつなげて物語を作っていってください。ただし、ひとり一文ですよ」という指示をします。

たとえば、アイスブレイカーは、最初に、「京都市に二十四歳の女の子がいました」という一文を作って、右の人にバトンタッチします。そうすると「彼女の恋人は東京にいました」などとつなげます。みんなでゆっくりと物語を紡ぎます。最初の一文にもよりますが、たいてい恋愛が始まり、三角関係が起こり、次々と事件が起こっていきます。

いろいろなバージョンがありますが、ひとつの物語をみんなで共有しているところが面白いのです。何周したら終わります、とか、時間制限をつけて行うといいでしょう。

6章 アイスブレイカーの心術

滑り出しのコツは、キーパーソンに協力を求めることです

最後にアイスブレイカーとしてのコツや心構えに言及しておきたいと思います。

うまくアイスブレイクを進めるコツは、**キーパーソンを押さえ、それとなく協力してもらうことです。**

アイスブレイクの最初のほうには、発言する勇気と元気があるムードメーカーともいえるキーパーソンが出現します。そのキーパーソンに感想を聞いたり意見を尋ねたりするのです。そうすると自分も乗ってきますし、そのほかの方も乗ってきてくれます。ただし、あんまり最後のほうまでその人ばかりに話を向けていると他の参加者の不評をかいます。

グループレッスンの場合だと、リーダーになるような人を見つけて、その人に進行をしてもらうこともあります。ペンを配ったときに、そのペンを一番に握っている人や、指示をしていないのに真ん中の席にデンと座っている人がそうしたリーダーの素養があります。そのような人に援助をお願いするので

す。経験を積めば、そのようなキーパーソンにすぐに気がつくようになります。

ペア術で、最初の相手との会話に十分な時間をとります

私は、各個人が集団全体に順番に自己紹介をするという形式を好みません。長い時間を費やすばかりで、結局はだれとも出会わなかったという感じになることもあると思うからです。

なぜなら、自分の順番がくるまでは、自分の自己紹介をどうしようかと考えていて、他の参加者の自己紹介を聞いていないことが多いからです。人数が多いと最初の人のほうを忘れたり、集中力も切れたりします。

参加者は、まず、だれかひとりをしっかり知ればいいのです。全員と少しずつ出会うよりも、ひとりとゆっくり出会うことを好んでいるように思うのです。ですから、**ペア術では、最初のペアの相手とたっぷりと話ができる時間をとるほうがいいでしょう。**話が弾まないペアへの介入も必要です。

また、ペア術では目と口と体を使いますが、流れが重要です。ここでの紹介例では、①アイコンタクト、②言語的交流、③身体表現による交流へという流れを意識して記述しましたが、プランを練るときに、チェーン術とペア術の繰り出し方の流れを考えておきましょう。

●非協力的な態度の人はいます　アイスブレイクは万能ではないのですから

ごくたまにですが、「こんなお遊びに付き合っていられるか！　ばかげている！」という表情と態度が見て取れる人にも遭遇します。**最初にアイスブレイクの意義を十分に説明しておけば、たいていは防げるのですが、運悪くそうした人に遭遇してしまうこともあります。**

そういう方は、参加体験型の学習方法（ワークショップ）に慣れていないことが多いのです。もしかすると、その方自身の人生で、これまでの出会いへの不満があるのかもしれません。ですから、あなたがアイスブレイカーを務める際には、「この人は次の出会いの準備をしている。今日は通過点」と思って、余裕をもってみてあげることです。次のアイスブレイカーが何とかしてくれると信じることです。**たとえそういう方が不機嫌であったとしても、あなたの責任はごくわずかです。気にしないことです。**

ただ、そういうやりにくい人がいる場合、参加者もたいてい同じことを感じています。あんまりその人にばかり気を使うと他の人たちの信頼を勝ち取れません。ですから、あまり気にせず、中心になって一番乗ってくれているキーパーソンにあわせて進めていくことです。

また、アイスブレイクには限界があります。アイスブレイクを嫌いな人も、その存在を否定する人もいるのです。ですが、そういう人の気持ちも受け止め、否定しないことです。**人がこころに思うことは止められないのですから……。**とくに、よく知っているような間柄の人とアイスブレイクをするのには苦労します。アイスブレイクは万能ではないのです。

グループごとの温度差をどうするか――グループを数回変更するしかありません

グループワークをする場合、レッスンがうまくいくグループとうまくいかないグループに分かれることがあります。どんどん話が出て盛り上がり、終了後にもっと話をしたかったという感想が出るグループと、あんまりしゃべる人もなく、黙りこくってしまうグループです。根本的な対応策としては、参加者に不満が残らないように、**グループを数回変更するしかありません**。

グループを変更する時間的余裕がない場合の予防策は、**指示を細かく、具体的にすること**につきます。たとえば、子どもたちに向かって、三歩前に出なさいとか、ごみを十個ひろいなさいとか、具体的に指導すると動いてくれるものだといいますが、できる限り具体的に、細かく指示すれば、参加者の動きが同じようになり、グループのばらつきをできる限り減らすことができます。しかし、それでも、ばらつきや温度差は出るものですので、あんまり神経質にならないことです。

最後のまとめかた――他の参加者との「再会」で締めくくります

最後のまとめかたはとても大切です。それだけで印象ががらりと変わることもあるからです。学校なら、参加者全員か一部の人に、その日の感想を全体に向かってお話ししてもらうところでしょう。あるいは、ワークショップならば、**トーキングスティック**（模擬的なマイク）と呼ばれる小物をお渡しして、それを持っている人に順番に感想を話してもらいます。いわゆるシェアリングです。

しかし、**私の場合、「今日、この場の最初のレッスンで出会った人ともう一度出会ってください。再会ですね。そして今日の感想を語り合ってください」という指示を出します。**あるいは、主催者と参加者の方へ、簡単に感謝の言葉を述べたあとで、「これで終わりますが、最後のレッスンです。今日知り合った三人の方と再会して、握手をして、お別れの言葉を交わして解散とします。ありがとうございました」と締めくくります。そうすると、あちこちで、感想をお話しして、流れ解散となります。**自分の言葉では最後のまとめをしません。他の参加者との「再会」で締めくくるのです。**アイスブレイカーが最後に出会った人、最後に話した人にならないようにしたほうが余韻が残るでしょう。

もちろん、主催者の都合でそうできない場合もあります。その場合でも、いったん主催者に司会進行をお返しする前に、そういったレッスンを取り入れます。

●アイスブレイクは千変万化します　マニュアルはありません

アイスブレイクは、アイスブレイカーの人柄と知見、個性によって、たしかに大きく変化します。しかしながら、参加者の年齢、男女比、資質、人柄、所属、会場の雰囲気、たとえば、天井の高さや照明、展望、当日の天気や湿度などによっても千変万化します。アイスブレイカーだけがアイスブレイクの善し悪しを決定づけるわけではありません。逆にいえば、これさえ押さえていれば、アイスブレイクがうまくいくという唯一絶対のマニュアルもないのです。

本書では、私なりのアイスブレイクのレッスンを紹介しましたが、それをそっくりまねていただく必要はまったくありません。みなさんが自分なりの方法で実践していただければいいと思います。

アイスブレイクをうまくこなすためには、カンを磨きコツをつかむしかありません。そのためには場数を踏むこと、つまり経験を積むしかありません。

●アイスブレイカーとしての力量をあげるためには、友人や知人にアドバイスをもらいます

悲しいことですが、どんなに一生懸命に準備して、心配りをしてアイスブレイクをしても、「面白くなかった」「(私は)もっとこうしてほしかった」という批判はたまに出ます。わざわざ不満を言いにくる人だっています。直接は耳に入らなくても、主催者からあとになって聞かされることもあります。反省は必要ですが、失敗をそれほど恐れる必要はありません。経験でなんとかなるものです。

それでも、もし経験を積むこと以外で、アイスブレイカーとしての腕をできる限り早くあげたかったら、自分の友人や知人、家族など、親身になって本当のことを言ってくれる人をアイスブレイクの場に連れていって、そこで記録をとってもらい、その人とふたりで反省会をすることです。第三者の目から見ていただいて、本当のことを言ってもらえば、比較的早く腕を磨くことができるでしょう。

アレンジして、新しいアイスブレイク術を生み出しましょう

私は、環境教育や子育て支援関係の講演とワークショップをしているうちに、「アイスブレイクだけをしていただけませんか？」という奇妙な依頼を受けるようになりました。講演の前にちょっとしたアイスブレイクをしたら、「アイスブレイクがよかったです。もっと教えてください」と質問されることもたびたびありました。そして、お求めに応じてアイスブレイクばかりやっていました。回を重ねるごとに、それは私がひとりでしゃべる講演よりはるかにいいものになっていきました（笑）。

私は、子どものころに体験したキャンプ活動や学生時代に夢中になった障害児にかかわる**ボランティア活動**、大学の教員になってから参加した**環境教育**や**子育て支援**などの市民学習の場で、アイスブレイクを何度も体験しました。そして、いつの間にかアイスブレイクの技法を身につけていたのです。そして、アイスブレイクを体験して技法を盗んでは、自分なりにいろいろと試して経験を積んで、アレンジしてきたのです。

ですから、ここに書いたものは私の完全なオリジナルではありません。いろいろなアイスブレイクを経験したからこそ、本書のようにアイスブレイク術をまとめることができました。私を導いてくださったアイスブレイカーのみなさんにこころから感謝したいと思います。**しかも、アイスブレイクでの出会いは、間違いなく私の人生を明るくしました。**だからこそ、お返しに、今度はアイスブレイクを広めて世の中を明るくしたいと思ってこの本を執筆したのです。

――アイスブレイクは、自分で工夫を加えてアレンジしていくものです。ここに書いたのは基本形ともいうべきアイスブレイクの技術のほんの一部分です。ですから、洗練されたアイスブレイカーになるためには、逆説的ですが、こうしたマニュアル本に頼らず、アイスブレイクを何度も経験して腕を磨いていくことが大切です。新しいアイスブレイク術が生まれることを願っています。

アイスブレイカー自身の出会いのために

もっとも演出のうまい最高のアイスブレイカーはだれでしょうか。

それは神様か仏様です。私たちの出会いを、どこかでこっそり企画しているに違いありません。出会いを左右する大きな要素は偶然なのです。私とあなたとの出会い。この本を手にとってくださったあなたとの出会いだって神様がとりなしたものです。

では、その次はだれでしょうか。**それはあなた自身です。あなた自身が自分の出会いを企画し、相手のこころと自分のこころをほぐし、出会いを紡ぎ合わせることができます。自分に対しても、出会いを企てることができるのです。**

あなたは、あなた自身の出会いを導くアイスブレイカーです。

レッスンを展開するとき、自分の言葉だけではなく、目や手や表情、体を意識的に使ってみましょう。そうした身体技法を使いはじめれば、自分自身が出会いに慣れていきます。出会わせる側にまわることで、出会いに敏感になります。自分が人と出会いなおすことだってできます。自分が知らなかった自分自身と出会いなおすこともできます。出会いがどんどん出会いを生みます。新しい自分に出会った人間は、他人の意外な一面に出会うこともできるようになるのです。

――出会わせ上手は出会い上手。出会いの演出家になることで、新たな自分の出会いも広がります。

●アイスブレイクは、ディープ・コミュニケーションにつながります

私は、以前からコミュニケーションの「深さ」について考えていました。それは『ディープ・コミュニケーション』という本に書いたので、ここでは詳しくは述べませんが、**ディープ・コミュニケーションともいうべき「頭のなかにあるイメージを共有することができるようなこころの対話」**があることに気づき、言葉を超えた深いイメージの共有について考えてきました。

しかし、いきなりディープ・コミュニケーションを求めることはできません。**最初に出会いが必要なのです。**ですから、アイスブレイクという出会いの演出法をまとめて、次に、ディープ・コミュニケーションの技法をまとめようと思いました。

私はいま、アイスブレイクを普及させて数多くの出会いを演出し、ディープなコミュニケーションを深め、最後に市民活動につなげていくことができればと願っています。アイスブレイクはただ出会うた

めだけのものではなくて、新しい市民社会をつくっていくための過程なのです。

アイスブレイクの続きには、ディープ・コミュニケーションとワークショップ、市民活動があるのです。

「あとがき」にかえて

どうやらいま、とてもとても「生きづらい」世の中になっています。それでも、人はだれかとつながって生きていかなくてはなりません。そのためには出会いが必要です。それなのに、つながるための出会いをおぜん立てして演出してくれる人は、とても少ないのではないでしょうか。もし、あなたが世の中の人と人との出会いの機会を増やし、出会いをより良質なものにする**アイスブレイク普及活動**（？）に参加してくださるなら、世の中は「生きやすい」ものになっていくと思います。

私もまだまだ、これからの出会いを求めています。お招きくだされば、アイスブレイクを実演しにうかがいます。アイスブレイクは、本で読んでいただくよりも、お目にかかって実演したほうがわかりやすいのです。どうかお気軽にお声がけください。

本書を読まれるみなさんも、素晴らしい出会いを演出しながら、ご自身も素晴らしい出会いに恵まれますようこころよりお祈り申し上げます。

最後になりましたが、本書の出版にあたっては、解放出版社の尾上年秀さんに大変お世話になりました。尾上さんとの出会いがこの本を生みました。ここに記してお礼を申し上げたいと思います。

また、仕事と子育てで大変お忙しいなか、素敵なイラストを描いていただいた加賀川敦子さんにも、こころからお礼を申し上げたいと思います。

今村 光章（いまむら みつゆき）
1965 年　滋賀県大津市生まれ
1996 年　京都大学大学院教育学研究科博士後期課程修了
現　在　岐阜大学教育学部准教授　博士（学術）
　　　　専門は、教育学、保育学、環境教育
　　　　保育者養成や子育て支援、環境学習に関するワークショップの経験を積む
単　著『環境教育という〈壁〉－社会変革と再生産のダブルバインドを超えて』（2009 年 昭和堂）
　　　　『ディープ・コミュニケーション－出会いなおしのための「臨床保育学」物語』（2003 年 行路社）
編　著『ようこそ！ 森のようちえんへ－自然のなかの子育てを語る』（2013 年 解放出版社）
　　　　『環境教育学－社会的公正と存在の豊かさを求めて』（2012 年 法律文化社）
　　　　『森のようちえん－自然のなかで子育てを』（2011 年 解放出版社）
　　　　『持続可能性に向けての環境教育』（2005 年 昭和堂）
　　　　『共に育ちあう保育を求めて』（2003 年（株）みらい）
　　　　『環境教育への招待』（2002 年 ミネルヴァ書房）
共　著『プラットフォーム　環境教育』（2008 年 東信堂）
　　　　『教育学への誘い』（2004 年 ナカニシヤ書店）
　　　　『物語の臨界－物語ることの教育学』（2003 年 世織書房）
　　　　『応答する教育哲学』（2003 年 ナカニシヤ出版）
　　　　『コミュニケーションをデザインする』（2003 年 行路社）
　　　　『社会哲学を学ぶ人のために』（2001 年 世界思想社）ほか

アイスブレイク入門　こころをほぐす出会いのレッスン

2009 年 3 月 31 日　第 1 版 第 1 刷発行
2013 年 11 月 1 日　第 1 版 第 11 刷発行

著　者　今村光章

発　行　株式会社 解放出版社

大阪市港区波除 4-1-37 HRC ビル 3F 〒 552-0001
TEL06-6581-8542（代表）　FAX06-6581-8552
東京営業所　千代田区神田神保町 2-23 アセンド神保町 3F 〒 101-0051
TEL03-5213-4771　FAX03-3230-1600
ホームページ http://kaihou-s.com

装　丁　畑佐 実
本文レイアウト　伊原秀夫
本文イラスト　加賀川敦子
印刷・製本　モリモト印刷株式会社

ISBN978-4-7592-2342-2　NDC360 P94 21cm
定価はカバーに表示しております。

解放出版社の本

ようこそ！　森のようちえんへ　自然のなかの子育てを語る

今村光章編著

Ａ５判・120頁＋口絵７頁　定価1400円＋税　ISBN978-4-7592-6761-7

初の森のようちえん入門書。四季を通じ自然豊かな場所で子育てをする森のようちえんの保育者たちが、その活動への経緯、内容、保育への思い、今後のあり方などを具体的につづり、その魅力と可能性をわかりやすく伝える。

森のようちえん　自然のなかで子育てを

今村光章編著

Ａ５判・174頁＋口絵7頁　定価1900円＋税　ISBN978-4-7592-6746-4

四季を通じて森などの自然豊かな場所で子どもを保育する「森のようちえん」。自然のなかでいきいきと遊ぶ子どもたちの姿を描写し、その保育の魅力と可能性を存分に伝える。日本とドイツでの活動を本格的に紹介。

学校が元気になるファシリテーター入門講座
15日で学ぶスキルとマインド

ちょんせいこ著

Ａ５判・190頁　定価1700円＋税　ISBN978-4-7592-2142-8

教職員が連携しチーム力を高める学校経営、子どもの育ちや成長を支える学級経営。この２つに有効なファシリテーションのスキルを、学校現場をよく知る著者が具体的に提案する。好評既刊のファシリテーター入門講座・学校編。

元気になる会議　ホワイトボード・ミーティングのすすめ方

ちょんせいこ著

Ａ５判・142頁　定価1600円＋税　ISBN978-4-7592-2345-3

安心して発言できる、成果があがる、メンバー同士で聴き合う元気な会議にするためには何が必要か。ホワイトボード・ミーティングを中心にファシリテーターに必要なスキルとマインドを多くの具体例と写真・イラストで学ぶ入門書。

人やまちが元気になるファシリテーター入門講座
17日で学ぶスキルとマインド

ちょんせいこ著

Ａ５判・147頁　定価1500円＋税　ISBN978-4-7592-2338-5

受けてよかったと思える研修や一人ひとりの意見が反映される有意義な会議にするために、進行役であるファシリテーターに必要な智恵と工夫と実践が満載。みんなの力を引き出し、人間関係を豊かにしてくれる17日間の基礎講座。

やってみよう！　人権・部落問題プログラム　行動につなげる参加型学習

財団法人大阪府人権協会編著

Ｂ５判・73頁　定価1300円＋税　ISBN978-4-7592-2346-0

人権意識を高め「がんばってください」ではなく自分のこととして考え行動できる人権・部落問題の学習とは？　参加体験型で学ぶ差別や対立、平等や多様性などのプログラムとともに学習の基礎知識、体験時のＱ＆Ａも掲載。